FOCO
O PODER DA ÚNICA COISA

Vinícius Almeida

FOCO
O PODER DA ÚNICA COISA

ENCONTRE O SEU PROPÓSITO E OBTENHA RESULTADOS EXTRAORDINÁRIOS

SÃO PAULO, 2021

Foco: o poder da única coisa
Copyright © 2021 by Novo Século Editora Ltda.
All rights reserved.

EDITOR: Luiz Vasconcelos
COORDENAÇÃO EDITORIAL E PROJ. GRÁFICO: Nair Ferraz
ORGANIZAÇÃO DO CONTEÚDO: Marília Chaves
PREPARAÇÃO DE TEXTO: Equipe Novo Século
REVISÃO: Ariadne Silva
CAPA: Kelson Spalato

Texto de acordo com as normas do Novo Acordo Ortográfico da Língua Portuguesa (1990), em vigor desde 1º de janeiro de 2009.

Dados Internacionais de Catalogação na Publicação (CIP)
(Câmara Brasileira do Livro, SP, Brasil)

Almeida, Vinícius
Foco: o poder da única coisa / Vinícius Almeida;
Barueri, SP: Novo Século Editora, 2021.

1. Autoajuda 2. Desenvolvimento pessoal 3. Gestão do tempo 4. Poder da mente I. Título

21-2013   CDD-158.3

Índices para catálogo sistemático:
1. Autoajuda 158.1

uma marca do
Grupo Novo Século

Alameda Araguaia, 2190 – Bloco A – 11º andar – Conjunto 1111
CEP 06455-000 – Alphaville Industrial, Barueri – SP – Brasil
Tel.: (11) 3699-7107
www.gruponovoseculo.com.br | atendimento@gruponovoseculo.com.br

Seria muito egoísmo eu dedicar esse livro a uma única pessoa ou a um grupo seleto de indivíduos...

Como empreendedor, escritor e biógrafo, eu sou um conjunto de experiências que adquiri ao longo de minhas últimas duas décadas, em especial por ter vivido histórias e aprendido por meio de percepções de mundo muito diferentes da minha. Isso fez com que minha visão se expandisse e meus horizontes irem além do que eu imaginei ser capaz.

Dedico esta obra àqueles que passaram por minha vida e conseguiram, de alguma forma, contribuir para ser quem eu sou neste exato momento. Meu muito obrigado!

Sumário

Prefácio de Luiz Vasconcelos 9

Prefácio do autor 13

Introdução 17

1 A importância de ter UM PROPÓSITO 23

2 O caminho para o equilíbrio: os BONS e MAUS hábitos... 37

3 Gerenciando o tempo 55

4 Estabelecendo prioridades e metas para tornar-se mais PRODUTIVO 71

5 A coragem de ir atrás do seu ÚNICO propósito: lidando com o medo de fracassar 85

6   Colocando em prática o seu ÚNICO propósito 99

7   Aprendendo a acelerar o CRESCIMENTO:

    novas habilidades 111

8   Compartilhando o seu objetivo: cercando-se de pessoas que

    ajudem na jornada 127

9   Abraçando as oportunidades para o seu ÚNICO PROPÓSITO:

    o "ponto da virada" 143

10 A jornada extraordinária rumo à sua ÚNICA COISA: um novo

    modelo de realidade 155

    Sobre o autor 171

Prefácio de
Luiz Vasconcelos

Em 1951, o neozelandês Edmund Hillary idealizou escalar o Monte Everest, mas a tentativa não deu certo e ele recuou.

Tempos depois, ele foi convidado para participar de um evento numa faculdade. Ao chegar, Edmund se deparou com a fotografia do Monte Everest no auditório, atrás do palanque. Ele ficou em silêncio por alguns minutos, virou-se para a fotografia e disse: "Monte, você parou de crescer, mas eu ainda estou crescendo e um dia vou te vencer!".

O tempo seguiu... E, em 29 de maio de 1953, Edmund foi o primeiro, junto com o seu guia, Sherpa Tenzing, a escalar o Monte Everest.

Desde os 9 anos de idade me descobri empreendedor. Já naquele tempo minha mãe me colocou para vender seus 'Jujus', que são sorvetes especiais de saquinho, na porta da escola. Os sorvetes caseiros eram realmente muito bons e minha mãe não abria mão de fazer sempre o melhor. Ela usava produtos de qualidade e frutas naturais, e isso era realmente um grande diferencial. O produto era tão bom que vendíamos tudo, principalmente os de coco e coco queimado.

Depois trabalhei como vendedor ambulante, na feira, e por aí vai... Até que aos 13 anos tive meu primeiro e único emprego registrado. Ali fiquei por quase 20 anos. Decidi sair e empreender, montar meu próprio negócio no mesmo segmento: o de livros.

Muitos me perguntam: "Você não se cansa de fazer a mesma coisa?". Minha resposta é imediata e convicta: "Quem faz o que ama se realiza". Manter-se na mesma atividade é ter foco, característica fundamental para alcançar os próprios objetivos.

O maior erro que cometemos é o de começar um negócio, ou mesmo entrar numa empresa, e se desfocar, imaginando que estar em outra companhia ou atividade seria melhor.

Quem age assim não sabe definir o próprio caminho e muito menos aonde quer chegar.

Em *Foco: o poder da única coisa*, Vinícius Almeida mostra a importância de nos dedicarmos a uma única atividade com foco e a criar bons hábitos. Ele nos instrui a planejar as etapas da nossa vida e a saber dizer "não", o que pode redirecioná-lo a alcançar grandes resultados na vida pessoal, profissional e espiritual.

Não fique parado! O importante é definir seus objetivos e em que ponto da montanha você pretende chegar!

Eu quero estar sempre no topo. E você?

Luiz Vasconcelos, editor e investidor

Prefácio do autor

Escrevo este prefácio em março de 2021 e... o mundo está pandêmico. Crise social, financeira, sanitária, entre tantas outras desde que houve a nova Constituição da República Federativa do Brasil em 1988.

Apesar de tantos entraves e desafios sociais, ao longo desses últimos anos conheci uma quantidade incrível de professores, empreendedores, atletas, artistas, executivos, pensadores, gerentes e pessoas em todas as funções empresariais e de todas as classes sociais que têm uma coisa em comum: são pessoas encantadoras, determinadas e que possuem um *brilho no olhar* que não é comum nesse mundo contemporâneo. São pessoas que inspiram pela presença e convencem pelo exemplo; pessoas que não se prestam a ficar paradas enquanto coisas adversas acontecem, muito pelo contrário! Elas transformam a sua realidade e, não somente isso, elas também impactam positivamente sua família, seu trabalho, sua cidade e, até mesmo, a nação com o resultado de seus esforços. E, como você mesmo pode notar, isso não foi simples, foi trabalhoso e, mesmo assim, foi alcançado ao longo de um determinado período de tempo.

Algumas buscavam o sucesso material (e conseguiram). Outras buscavam a plenitude e a paz de espírito (e lá estão hoje). Todas as perspectivas pessoais são válidas, pois eram seus objetivos de vida. Contudo, todas elas tinham uma característica muito peculiar: todas sabiam exatamente o que queriam e sabiam os árduos esforços até chegarem lá.

Depois de um grande esforço para entender essas características, este livro surgiu como uma forma de possibilitar a você, leitor, entender os seus próprios processos e entrar em um novo nível: o nível de plenitude nas ações, e de máximo desempenho.

Não existem fórmulas mágicas e muito menos "regras" para o sucesso. Quem fala isso é um verdadeiro "vendedor de ilusões", porque o que funciona para uma pessoa pode não funcionar da mesma forma para outra. E a lógica disto é muito simples: se houvesse somente "10 passos para ser feliz", acredito que todas as pessoas que lessem ou tivessem contato com esse material seriam, de fato, felizes. Mas isso não é o que parece acontecer ao nosso redor...

Portanto, separe um espaço para si, estique seu corpo, refresque sua mente e prepare-se para seguir por um novo caminho, o qual você poderá ser capaz de encantar o mundo após a leitura desse valioso guia que está em suas mãos.

Vinícius Almeida

Introdução

No ano de 2008 o mundo inteiro estava vislumbrado pelo mesmo cara, você lembra? Talvez faça muito tempo, mas posso refrescar um pouco a sua memória. Em 2008 aconteceram algumas coisas interessantes no mundo: Barack Obama foi eleito presidente dos Estados Unidos, o mundo presenciou uma das maiores crises mundiais do mercado financeiro e assistimos às Olimpíadas de Pequim. E não, não foi o Obama que fez o mundo inteiro se apaixonar (apesar de ter feito grande parte dele), em 2008 estávamos todos, não importava a inclinação política ou romântica, encantados por outro homem... Michael Phelps. Durante as Olimpíadas de Pequim, Phelps conseguiu o recorde de atleta com o maior número de medalhas de ouro olímpicas em uma única edição, o primeiro a atingir o feito em 36 anos! Ele era um fenômeno, e continuou crescendo; em 2012, na Olimpíada de Londres, Phelps ia repetir o sucesso, tornando-se o atleta com mais medalhas de toda a história dos jogos olímpicos. E mais vitórias viriam na sua história, mas vamos voltar a 2008.

Em 2008, durante a Febre Phelps (vamos chamá-la assim), muitas matérias começaram a surgir na imprensa investigando qual seria o grande segredo do sucesso do nadador. Muito se disse sobre suas características físicas, seus braços mais longos do que o normal e seu corpo que era tão flexível quanto o de um bailarino. O jornal inglês The Guardian chegou até a procurar a dieta do atleta, mostrando que ele consumia surpreendentes 12 mil calorias por dia (o equivalente ao que comem 5 homens adultos). Mas uma das matérias que falava do sucesso do nadador jogava luz sobre a relação que ele tinha com a mãe, Deborah. Phelps sofre de TDAH (Transtorno de Déficit de Atenção e Hiperatividade). A reportagem mostrava a importância do apoio da mãe dele, que, desde muito cedo, fez do atleta quem ele era, especialmente porque sempre acompanhou de perto a sua educação para garantir que, mesmo com o transtorno, Phelps recebesse todas as oportunidades possíveis.

Enquanto explicava sobre TDAH, o repórter citou algo que me marcou muito. Um dos sintomas de TDAH que Phelps apresentava era algo chamado hiperfoco, o que significa que ele tem a tendência de focar muito mais do que as pessoas em coisas que o estimulam emocionalmente. Muitas pessoas com transtorno de atenção podem apresentar hiperfoco para aquelas coisas que amam fazer, só podendo ser interrompidas pela exaustão. É comum para crianças com TDAH que amam videogames passarem horas e horas jogando, mas se tornarem borboletas dispersas quando precisam fazer a lição de casa, para desespero dos pais. E adivinha o que era o videogame de Michael Phelps? Isso mesmo, natação.

Quando ele vai para a piscina nada, mas absolutamente nada, pode desviar a sua atenção. Nem uma lembrança ruim, nem a preguiça, nem os gritos do treinador, nem mesmo se o ginásio pegar fogo (ok, talvez essa parte seja menos boa), mas a questão é que, quando está nadando, treinando ou se preparando para nadar, Michael Phelps tem um foco que simplesmente não pode ser desviado, até porque ele não controla isso completamente.

É claro, nenhum de nós desejaria passar pelas dificuldades que um transtorno como TDAH apresenta na vida de alguém apenas para ser mais focado, ler um livro mais rápido, ser o cara mais produtivo do trabalho. Mas a questão é que, se todos nós pudéssemos aprender, voluntariamente, a focar pelo menos uma parcela do hiperfoco que Phelps dedica à sua profissão... você consegue imaginar onde chegaríamos? Como indivíduos e até como sociedade?

Nosso mundo sofre de falta de foco generalizada e a incapacidade de se concentrar, seja em um objetivo, uma tarefa ou um propósito de vida, gera muito sofrimento para as pessoas. Quantas vezes você começa o dia de trabalho sabendo que tem um milhão de coisas para fazer, mas vai abrindo abas no browser do computador, respondendo e-mails, atendendo ligações, até perceber que já chegou a hora do almoço e aquela primeira tarefa ainda não ficou pronta? Ou estava em casa, colocando roupa para lavar, o telefone tocou, você atendeu, foi andando para a cozinha, achou que seria bom fazer um café, depois ouviu algo em outro cômodo, foi ver o que era... E se deparou com a roupa dentro da máquina, ainda suja, no dia seguinte? E quantas vezes estamos concentrados estudando ou lendo e perdemos completamente o fio da meada por conta de uma notificação no celular, esse grande ladrão de foco? A falta de foco nos custa muito tempo, e mais ainda do que o tempo, ela nos custa oportunidades que não vão se apresentar duas vezes.

O propósito deste livro é ensinar para você em uma jornada de 10 capítulos como ter um foco invejável e nunca mais ir dormir sentindo que você desperdiçou aquele dia. Para nunca mais terminar o ano achando que nada de relevante aconteceu, com aquela pontada de culpa, por saber que você desperdiçou muitas chances de realizar seus sonhos e que deveria ter feito aquele curso, ou mudado de emprego, ou de casa.

Foco não é um talento natural, mas uma habilidade que você pode treinar e deixar cada vez mais afiada. Quem desenvolve o poder do foco sabe o que quer e como conseguir sem desanimar, porque está sempre escolhendo de acordo com as prioridades que levam aos seus objetivos. Comece sua jornada de 10 capítulos para o domínio do foco, porque você não precisa ter o hiperfoco do Michael Phelps, mas pode se dar o presente de "estar presente" e sem ansiedade atingindo seus objetivos, com calma – e até se divertindo, por quê não? Você merece esta jornada em nome de todas as medalhas que poderia ter ganhado, mas não recebeu porque ainda não estava pronto para estruturar a sua mente. Agora o momento chegou, e as ferramentas estão nas páginas seguintes. Hora de pular na piscina.

1
A importância de ter UM PROPÓSITO

"O sucesso é construído sequencialmente, uma única coisa por vez."

(*A única coisa*,
Gary Keller & Jay Papasan)

Faça um exercício: digite "Como ter mais foco" no Google assim que puder. Você vai encontrar mais de 150 milhões de resultados, apenas em português. As pessoas andam desesperadas por foco, por concentração e por parar de procrastinar as atividades que são exigidas delas (ou pior, parar de procrastinar os objetivos que estabeleceram para si mesmas). Atualmente, existem até florais e suplementos que prometem devolver o seu foco, porque no fundo isso é tudo que procuramos na sociedade moderna: uma pílula que resolva nossos problemas.

Mas por que estamos tão carentes de foco? O que "ter foco" efetivamente significa nas nossas vidas? Steve Jobs dizia que ter foco é dizer não para muitas ideias boas[1], é olhar para tudo que nos é oferecido e entender que existe uma diferença entre gastar o tempo e a mente com o nosso objetivo ou com distrações. As distrações nos pegam de surpresa, muitas vezes, sorrimos para algo divertido ou que nos ajuda a relaxar como as redes sociais, e quando vemos,

---

1 MEJIA, Zameena. *Steve Jobs: Here's what most people get wrong about focus.* Disponível em: <https://www.cnbc.com/2018/10/02/steve-jobs-heres-what-most-people-get-wrong-about-focus.html#:~:text=%E2%80%9CFocus%-2C%E2%80%9D%20Jobs%20told%20Parker,You%20have%20to%20pick%20carefully.%E2%80%9D>. Acesso em: 13 maio 2021.

a meta do dia já não pode mais ser atingida. Falar de foco significa, invariavelmente, falar do sofrimento da falta de foco. Todos nós conhecemos bem essa sensação de passar o dia mudando de guia no browser, abrindo e fechando as redes sociais, mudando de canal de televisão, tentando parar a mente em algum lugar e sentindo que dentro da nossa cabeça moram mil macaquinhos que tomaram energético. É exaustivo e frustrante e nos sentimos decepcionados pela nossa incapacidade de firmar a mente naquilo que queremos. De firmar a mente no que certamente construiria nossos objetivos.

O dicionário define foco como o ponto mais importante ou principal, assim como o ponto central que dá origem a algo. Na óptica o foco é o ponto que faz convergir os raios luminosos ou o feixe de ondas eletromagnéticas e sonoras dentro de um sistema. Ou seja, podemos, de forma bem leiga, definir foco como o ponto central, o ponto que importa, que nos dá visibilidade do que precisa ser feito.

Você provavelmente não sabe disso, mas na indústria do cinema existe um profissional que se dedica única e exclusivamente a cuidar do foco da imagem. E esse cara se chama Foquista. Ele estuda previamente as informações técnicas da câmera e da lente e calcula o foco de acordo com a distância do ator para a câmera – de modo a deixar em evidência o que é importante – ele consegue calcular exatamente onde a lente fará o foco e acompanhará o ator por toda a cena. E mesmo calculando, como o cinema é uma arte da fotografia em movimento, ele passa as longas horas de gravação grudado no monitor controlando o foco da lente conforme as orientações do diretor de fotografia e os movimentos dos atores, que, mesmo com ensaio, são imprevisíveis. Atualmente existem

O que é mais importante para você em meio ao caos? Dentro da selva de informações?

até sistemas de ultrassom para que você coloque um dispositivo minúsculo na roupa do ator principal e o controle de foco da câmera auto recalcule enquanto ele se mexe, e mesmo com tanta tecnologia, nosso amigo Foquista permanece vidrado no monitor como um leão na savana acompanhando sua presa. Ele não pode se dar ao luxo de perder o foco, assim como o leão não pode ir dormir com fome. Foco é uma das coisas mais importantes do cinema, é por isso que se você não trabalha com cinema provavelmente nunca ouviu falar em um Foquista, porque um filme fora de foco jamais verá a luz do dia. Um filme fora de foco vai para o lixo e milhões de reais (ou dólares, porque aliás, em Hollywood existe seguro apenas para o foco) descem pelo ralo junto com ele.

Por que passei tanto tempo falando sobre o (enlouquecedor) trabalho do foquista? Porque perder o foco sempre custa dinheiro e esse cara consegue demonstrar essa catástrofe na prática. Você provavelmente já desgrudou do monitor da sua vida em algum momento, não se preparou como deveria para aquela reunião, perdeu um prazo de entrega porque estava fazendo outras coisas, e a câmera foi para todo lado e a cena mais importante passou. Perder o foco quando temos uma grande oportunidade destrói anos de estudo e preparação, e, literalmente, queima nosso filme. Prometo parar com as analogias de cinema por aqui.

Foco é aquilo no qual devemos prestar atenção, é o que existe de importante em meio ao caos, foco é o que importa dentro da selva de informações. Quando você suspira insatisfeito e pensa "eu preciso de mais foco" provavelmente é porque está olhando para coisas demais e não consegue enxergar de fato aquela que é mais importante para você. Como não consegue enxergar, não se dedica a ela. Dispersar a sua atenção é um problema em muitos sentidos, acaba com a sua saúde, dissolve seus resultados, gera frustração e provavelmente faz as pessoas deixarem de acreditar em você.

SAINDO DO PILOTO AUTOMÁTICO E ENCONTRANDO A SUA PAIXÃO

Em seu livro *O código da mente extraordinária*, Vishen Lakhiani, fundador da milionária MindValley, explica que a maioria de nós cresce cercado por "Regras estúpidas", que são, na definição de Lakhiani, as "regras babacas criadas por uma sociedade para simplificar sua visão de mundo". Você deve ter passado por muitas delas, que vão desde como você deveria se vestir para ser levado a sério, que tipo de emprego e com que tipo de salário precisaria ter para ser uma pessoa bem-sucedida, ou talvez tenha recebido até algumas nas entrelinhas, como com que tipo de pessoa deve se casar para não envergonhar sua família e nem a si mesmo. Nossa sociedade cria regras para tudo, para poder evitar a conversa de fato, para evitar que as novas gerações saiam quebrando as bases estabelecidas pelos mais velhos – como se essas bases fossem generalizadamente boas, e não o que ruiu o meio-ambiente, a economia e a noção de futuro dessas novas gerações. Quando estamos vivendo a vida como um jogo de fases a serem vencidas, usamos as regras e sabemos que precisamos de uma faculdade, de um apartamento, de um emprego em um grande centro urbano, de um parceiro ou parceira que seja da mesma classe social. As regras estúpidas podem dizer para uma pessoa que fez faculdade que não é digno o suficiente se dedicar a profissão de verdureiro, mesmo se essa for a sua paixão. E, veja bem, ser verdureiro é extremamente nobre em uma sociedade com fome e viciada em comida industrializada, é um trabalho que serve à humanidade e com um bom modelo de negócios pode significar uma vida confortável em termos materiais. Talvez não milionária, mas o suficiente para alguém poder viver feliz com o que ama, em uma cidade mais calma, cercado da simplicidade que sua alma pede. A maioria das pessoas nos centros urbanos está tão imersa em regras estúpidas que nunca vai parar para se perguntar se na verdade gostaria de ser verdureiro… ou astronauta. Vamos pela visão estabelecida por nossos pais, mesmo nos rebelando contra eles, estamos sempre na narrativa que a geração anterior deixou para nós. E é aí que entra o propósito.

Não por acaso, ao vivenciar a maior crise financeira desde a Grande Depressão, a geração Millennial trouxe para o debate público a questão do propósito. Mesmo seguindo todas as regras estúpidas, essa geração ainda se via sem carreira, sem poder ter uma casa ou uma projeção de futuro. Então, por que sacrificar o presente, se não há recompensa no final? O propósito veio à tona porque trabalhar tanto sem a recompensa material mostrou que a grande maioria das pessoas fazia coisas que não gostava e que não significava nada para as suas vidas.

Propósito, em termos simples, é a nossa razão de fazer as coisas, para além das regras estúpidas que Lakhiani citou. Os japoneses possuem uma palavra muito interessante para propósito, Ikigai, que significa "iki" (razão) e "gai" (viver). Propósito é a razão de viver de alguém, e que nem sempre tem a ver com trabalho ou com ganho financeiro. Muitas vezes você pode ter um emprego que não lhe agrada ou desagrada só para pagar as contas e cumprir seu propósito de resgatar animais de rua, por exemplo. Ou segurar seus filhos no colo e estar presente para eles até o final de sua vida. O mais interessante sobre o propósito é que você não precisa criar ele, só precisa se reconectar com ele ao se despir de regras sociais. Ele já está aí, você já o tem dentro de si, mas precisa silenciar o barulho externo para ouvir o que o propósito tem a dizer.

Propósito nasce do foco, e uma vez encontrado o propósito, é muito mais fácil administrar o foco. Quem se reconecta com seu propósito de vida diz os "nãos" que Steve Jobs menciona com a maior facilidade, porque consegue analisar rapidamente se aquele projeto ou proposta aproxima do propósito ou afasta. Propósito nos conecta emocionalmente aos nossos objetivos, e daí é menos sedutor passar uma noite inteira rolando a tela do celular, quando você poderia estar lendo um livro sobre a coisa mais importante da sua vida, ou cuidando da sua horta de orgânicos para preparar a colheita da próxima estação.

Não é preciso muita argumentação para entender que propósito é uma coisa boa de se ter com clareza, mas... como fazer isso? É mais simples do que parece, mas exige que você dedique tempo e espaço.

A primeira pergunta de uma pessoa que está buscando por propósito é: se eu não tivesse nenhuma limitação de tempo ou dinheiro, o que eu faria?

Vamos lá, nas páginas desse livro, tudo é possível. Estamos tendo uma conversa particular e você não precisa contar isso a mais ninguém. Digamos que amanhã você vai acordar e ganhou na Mega-Sena (da virada, a mais alta!), e não contou para ninguém. Você agora tem milhões de reais na conta, não precisa mais trabalhar. O que você escolheria fazer a partir desse momento? Se todas as condições fossem favoráveis, você teria todo o dinheiro do mundo, uma excelente saúde, nasceu numa família que apoia qualquer ideia sua, e tem todo o tempo, tudo está ao seu favor (sim, estamos 100% no campo do imaginário). Se absolutamente todos os fatores dissessem sim, o que você levantaria para fazer hoje? O que você *escolheria* fazer, se tivesse escolha?

Essa reflexão é o início da sua jornada de reconexão com o propósito, e no começo muitas ideias vão vir. Vá anotando tudo, veja se existe aí algum padrão, tem gente que começa a listar mil formas de estudar: "estudaria idiomas, faria um curso de filosofia indígena, aprenderia marcenaria"– talvez seu propósito de vida seja aprender, por que não? Outro elemento a considerar é do que você mais gostava de brincar quando era criança. Quando ainda não tinha a menor noção do que é um boleto, para onde sua mente ia? Tenho uma amiga que, quando era criança, era obcecada por teatrinhos e fazer miniapresentações. Ela escrevia releituras engraçadas de contos de fadas aos oito anos e obrigava a família a reencenar, ou escrevia e fazia os coleguinhas de escola ensaiarem – as professoras adoravam, e ainda davam espaço para as apresentações. Quando saía de férias sua brincadeira preferida era fingir que tinha um talk show e entrevistar os pais, avós e irmãos. Quando cresceu, por ser uma boa aluna, recebeu uma enxurrada de regras, prestou vestibular para uma profissão "clássica" e passou mais de dez anos infeliz dentro de um escritório enquanto galgava novos cargos corporativos e melhores salários. Ela não percebia o quanto reclamava o dia todo, achava que era algo normal, e as pequenas coisas já incomodavam. Odiava as roupas sociais, odiava sair de casa no mesmo horário todo dia, odiava a politicagem de firma para aprovar uma ideia ou conseguir colaboração com outros departamentos. Sua carreira estava dando certo, mas aos trinta anos ela olhou para o chefe e entendeu que se tornar ele era o próximo passo e essa visão foi demais para seguir. Ela decidiu começar uma psicoterapia e buscar seu propósito. Hoje, alguns anos depois, ela é roteirista de um programa infantil de comédia, e passa o dia inteiro fazendo a mesma coisa que gostava de fazer aos oito anos: escrever historinhas engraçadas para que outras pessoas encenem. Claro, seu dia a dia ainda tem as dificuldades que todos temos, contas, obrigações, e as partes chatas desse trabalho, até uma tabela ou outra a preencher. Mas não é mais um dia a dia infeliz, no qual ela se sente "fantasiada de executiva", e principalmente porque o trabalho que ela faz hoje, poderia fazer mesmo se não pagassem, ela ainda chega em casa e conversa com os filhos sobre histórias novas, monta teatrinhos com eles, e vive seu propósito.

Sua infância pode lhe dar pistas do que você realmente gosta. Você era bagunceiro ou gostava de tudo bem arrumadinho? Gostava de dançar ou de cantar? Ou preferia pintar, escrever? Era introvertido ou extrovertido? Você teria orgulho de mostrar sua vida hoje para essa criança? Ou começaria a se explicar por ter traído os sonhos dos dois?

Reconectar-se com seu propósito é uma jornada de autoconhecimento, que pode ser auxiliada por psicoterapia e pela coragem de entender que talvez você queira outro tipo de vida, e que toda transição dá trabalho. Mas é o caminho mais sólido para uma vida com foco e sucesso. Nem sempre propósito tem a ver com trabalho, mas considere que você passa muito tempo da vida trabalhando, então a possibilidade de ele estar conectado ao seu trabalho é grande. Margareth Heffernan, autora de *O poder das pequenas mudanças*, aponta que um profissional dedica, em média, mais de 100.000 horas de sua vida ao trabalho, é tempo demais para não ter sentido.

E enquanto você está na fase de reconexão com o propósito, tenha em mente que está tudo bem mudar de ideia depois. Não coloque muita pressão sobre si mesmo, faça a busca como se fosse uma caça ao tesouro, você precisa se divertir. Note que eu disse *precisa*. Foco não tem a ver com sofrimento, e sim com a mistura de propósito com hábitos que tornam o foco fácil e natural. Então comece a se reconectar com o seu propósito sabendo que você pode mudar de sonhos, de planos, até de propósito de acordo com as suas mudanças internas. Não coloque grande pressão sobre algo que só diz respeito a você.

A questão do propósito é que ele é um balizador de foco. Com o propósito sabemos qual é a única coisa que precisamos conquistar naquele ano, naquele mês, naquela semana e naquele dia para chegar mais perto do que nos faz feliz. Ele é aplicado como um filtro nas nossas vidas para as questões macro e micro também. E exatamente por isso ele precisa ser íntimo.

O propósito nos ajuda a não desistir quando as coisas dão errado. Porque não é que elas *podem* dar errado, elas *vão* dar errado. Absolutamente tudo que fazemos dá errado antes de dar certo. Todas as viagens, receitas, projetos, livros, tudo o que é minimamente valioso ou complexo apresentará contratempos – que aprendemos, no nosso fatalismo a chamar de "dar errado" –, e nessa hora o propósito, o significado das coisas, a razão de viver, que nos ajuda a seguir tentando. A encontrar a janela quando a porta se fecha. Então não se preocupe em escolher um propósito que um dia pode mudar, porque você muda mesmo. Apenas siga seu coração e escolha, para que ele lhe ajude a manter o foco e a firmar a cabeça.

Propósito pode parecer um conto de fadas para quem está cheio de dívidas, contas e obrigações para pagar. E eu entendo isso, nossas obrigações não esperam a gente decidir se está gostando ou não daquilo que faz. Você muitas vezes pode estar passando por uma situação financeira difícil que o levou a acreditar que tudo o que você quer é dinheiro. Que você acorda todos os dias por um único propósito: colocar comida na mesa da sua família. Tudo bem, é digno falar isso. Mas existe uma outra informação: a situação com dinheiro eventualmente muda para quem trabalha duro, e quando a maré muda a gente percebe que dinheiro oferece uma felicidade bem limitada, e uma sensação não muito diferente da vida que você vive agora. Uma pesquisa da Universidade de Purdue demonstrou que a renda média ideal para um americano ser feliz é de 105 mil dólares anuais, aproximadamente um salário de 8750 dólares por mês[2]. É o suficiente para uma pessoa ser feliz, ter o que precisa e não viver em estado de preocupação com dinheiro – e o mais surpreendente, quem ganha mais do que isso apresenta níveis de infelicidade parecidos com as pessoas que ganham bem menos.

---

2 *Study: Money can buy happiness – but only to a certain limit.* Disponível em: <https://fox8.com/news/study-money-can-buy-happiness-but-only-to-a-certain-limit/>. Acesso em: 13 maio 2021.

Os pesquisadores apontam que uma causa provável é começar a se comparar com quem tem ainda mais dinheiro, e buscar mais ganhos materiais, sacrificando a sensação de felicidade. Então, sim, para quem está endividado dinheiro é essencial, mas depois de um certo ponto (que nem é tão alto assim) ele deixa de fazer a diferença. Então cumpra suas obrigações, acorde cedo, trabalhe no que for preciso para ter uma boa vida, mas dedique um tempo a buscar seu propósito, porque ele traz dinheiro, e previne que o dinheiro domine a sua felicidade ou falta dela.

A última observação importante sobre buscar propósito é que propósito em geral tem a ver com servir a sociedade. Com deixar a sua marca única no mundo e contribuir com a vida das pessoas. Exercer seu propósito terá a ver com aquilo que você é feliz fazendo mesmo se não receber dinheiro e também com o que traz o seu tempero específico ao mundo. A marca que você deixa, mesmo que mínima, como nos exemplos que citamos: escrever histórias, cuidar de animais, criar crianças, ter uma horta. É aquilo que você faz que deixa o mundo um pouco melhor, e que dá esperança para você continuar fazendo. Muita gente não tem nada de produtivo no centro do propósito, mas serve ao mundo mesmo assim.

FOQUE NISTO:

Ter foco é saber qual é o ponto central, a coisa principal que você tem que enxergar.

As regras sociais muitas vezes nos distraem de nosso foco.

Reconectar-se com o seu propósito é o caminho mais sólido para ter foco no dia a dia.

Faça as seguintes perguntas para iniciar uma jornada de autoconhecimento em direção ao seu propósito: O que eu faria se tivesse recursos ilimitados? O que eu gostava de fazer e como gostava de viver quando era criança? Qual era a minha brincadeira preferida?

O que eu *posso* fazer para contribuir com o mundo? E o que eu *gostaria* de fazer para contribuir com o mundo?

# O caminho para o equilíbrio: os BONS e MAUS hábitos

2

"Sucesso é algo pessoal, íntimo. Nunca se avalie pela métrica alheia; crie a sua própria."

Quem tem um propósito ou está na busca dele, precisa sempre também de ações práticas que auxiliem a manter o foco nos objetivos. A realidade é que foco nunca dependeu de força de vontade, e sim dos hábitos. Perceba que as pessoas bem-sucedidas em geral têm rotinas estruturadas, hábitos dos quais não abrem mão mesmo quando estão de férias ou viajando.

A primeira coisa é que você precisa sair do mito da força de vontade. Força de vontade vem de ambientes e contextos propícios para que você siga as regras. Ela não surge como uma inspiração divina dentro do seu coração. Pense numa dieta: é possível você cortar os doces quando seu bolo e seu chocolate preferidos estão em grande quantidade na sua casa todos os dias? Possível até pode ser, mas é muito mais difícil. Se na sua geladeira só tiver frutas e você ver o bolo preferido apenas aos finais de semana, já fica beeem mais fácil. Isso porque força de vontade não surge no vazio. É como se a sua força de vontade fosse aquele atacante que o time todo precisa tocar a bola para recebê-la perto do gol. Pare de se culpar por não conseguir acordar cedo, se no dia anterior você não foi dormir cedo, ou se comeu uma refeição pesada antes de dormir e seu corpo precisou de mais descanso. Só consegue ter energia quem come o que valoriza a sua fisiologia, só consegue acordar cedo quem descansou, só consegue parar para ler quem não está com sono e nem com pensamentos desgovernados sobre tudo que está perdendo.

Uma analogia interessante é que existe uma diferença básica entre reality shows de adestramento de cachorros e de gatos. Em geral, quem precisa treinar um cachorro adestra o cachorro, já quem precisa educar um gato precisa educar o ambiente para concordar com o gato (e por que não educar o dono? Donos de gato sabem do que estou falando). Gatos que não têm um contexto favorável se tornam infernais. O gato é um animal naturalmente caçador e não precisa de muito espaço, mas ele precisa de um local para arranhar as unhas, precisa ter pontos para escalar dentro da casa, como prateleiras ou móveis, e precisa ter uma janela onde concentra sua atenção olhando o mundo lá fora. Caso contrário, a destruição virá. A sua força de vontade é o gato, não o cachorro. Ela não vai seguir regras que não a beneficiam e não vai se forçar a fazer coisas que vão contra o ambiente que você está oferecendo. Você vai ter que facilitar as decisões cotidianas para poder decidir melhor. Isso significa que força de vontade na verdade é uma questão de... hábito.

Para que vamos criar hábitos? Para economizar tempo. Muita gente acredita que se organizar na verdade dá mais trabalho: "ah, preciso de uma agenda, de uma lista de tarefas que não está na agenda, preciso ter um lugar certo para sempre colocar os sapatos, uma hora da semana que é sempre de planejamento, isso traz mais problemas". Mas isso é uma ilusão, quando seus processos de organização viram hábitos, você não perde mais o tempo que perdia porque esqueceu de fazer algo essencial, ou não sabe que horas mesmo deveria estar no dentista e precisa buscar de novo a mensagem com o endereço dele e confirmar o horário. Porque perdeu as chaves ou não sabe onde está o tênis na hora de sair e ir para algum compromisso já exausto por ter procurado por ele por quase meia hora. Pensando assim, o que gasta mais tempo e energia: ser organizado ou desorganizado?

NO FUNDO, TODO MUNDO SABE O QUE FAZER. O DIFÍCIL É FAZER

Hábitos se formam na rotina. Quem estabelece bons hábitos e uma rotina consistente tem espaço mental o suficiente para ser criativo e para quebrar essa rotina quando quiser – e não porque a vida caiu sobre você de um jeito que não dava para prever e você passa pelo menos metade do dia contendo danos da própria desorganização.

Hábitos ajudam você a parar de se sentir decepcionado consigo mesmo por ceder a compulsões, sejam de distração, alimentares ou de qualquer coisa que ajuda a desviar de uma realidade difícil de encarar. Separei os hábitos que você precisa cultivar para ter foco em três grandes áreas. É importante olhar para elas, porque são as bases para que você efetivamente consiga focar no seu propósito e fazer o que precisa ser feito durante seus dias. Sem hábitos, não existe produtividade.

Organize-se

Espaço organizado, cabeça organizada. Você já deve ter sentido o alívio imenso que é limpar sua mesa de trabalho, jogar papéis antigos fora, tirar de cima dela tudo o que é desnecessário e limpar as gavetas. É incomparável.

Depois de 2020, com a pandemia da Covid-19, muitas pessoas passaram a fazer home office e a entender o papel da organização nas suas casas de outro jeito. Quando todo o material de trabalho estava guardado no escritório, mesmo sendo um pouco desorganizado, existia a ajuda da faxina feita naquele local periodicamente esvaziando lixos, tirando o pó das mesas etc. Estar dentro de casa por longos períodos de tempo e ver a bagunça ou a sujeira acumular traz efeitos para o foco. Sua mente está o tempo inteiro voltando para aqueles autojulgamentos: "você nem para lavar a louça", "olha o tamanho dessa pilha de lixo", "sua mesa está horrível, não dá pra achar nada aqui". Com a casa e o local de trabalho desorganizado, nós ficamos desorganizados também, nossa atenção começa a pular de um lado para o outro e no final do dia não fizemos nada do que estava proposto.

A especialista em organização e autora do livro *Vida organizada*, Thais Godinho, recomenda um hábito simples e que vai mudar a sua vida: a prática do destralhamento.

Godinho explica que muitas vezes tudo o que você precisa é de 15 minutos no dia. Quando você chega em casa do trabalho, ligue o timer no seu telefone para 15 minutos e nesse tempo você vai passar com uma sacola recolhendo tudo o que precisa ser jogado fora e pegando as coisas que estão em um cômodo errado e colocando no certo. Se sobrar tempo você pode retirar o lixo, pode arrumar a cama, você tem 15 minutos para olhar para a sua tralha e jogar ela no lixo e reposicionar a tralha que está no lugar errado.

Você vai se surpreender muito com a quantidade de coisas que vão para o lugar em 15 minutos e com tudo o que você pode fazer.

Inclusive, se você mora com mais gente, vocês podem combinar quem vai destralhar de manhã e quem vai destralhar de noite – assim como ensinar as crianças a destralharem o próprio quarto como em uma gincana – e isso vai mudar a sua vida radicalmente. Outra dica que a autora dá é não esperar pelo grande momento semanal da faxina, e sim ir limpando um cômodo por dia da semana, deixando só a louça como uma atividade diária. Casas vivas, que possuem gente morando, nunca estão perfeitamente limpas e organizadas, mas podem ser funcionais e não representar poluição mental que afeta sua produtividade.

Essa dica é melhor para quem mora com mais gente, mas serve perfeitamente bem para quem mora sozinho também: tenha um quadro com as atividades domésticas de cada dia da semana e quem cumpre com elas. Assim você monitora seu tempo de trabalho doméstico e sai da dívida com a sua casa, limpando não só o ambiente, mas todo o espaço mental que era destinado a cobrar e julgar você por não estar lavando louça naquele momento.

E a minha dica pessoal é que você arrume a cama todos os dias assim que se levantar. Isso encerra o momento de descanso, e abre seu dia, assim como se deitar vai ser mais gostoso mais tarde. Hábitos e rituais são importantes para treinar sua mente e apaziguar o seu emocional.

No best-seller mundial *A mágica da arrumação*, a japonesa Marie Kondo leva isso às últimas consequências afirmando que quanto menos coisas você tiver, menos existe para administrar. Kondo afirma que é importante separar suas coisas em categorias como Roupas, Livros, e ir jogando fora não só o que você não usa, mas qualquer coisa que não traz alegria. Eu sugiro que você vá pelo caminho do meio, uma limpeza semestral pesada para olhar para todos os seus pertences e tirar 20% do que existe de mais ocioso ali, ou até mais se você sentir que precisa. Procure ter menos coisas, e, principalmente, comprar menos coisas. São sempre mais coisas para administrar, limpar e destralhar diariamente.

Além de uma casa organizada, tenha sempre uma agenda. Não se prenda a cadernos bonitinhos que pesam na bolsa e você vai adorar esquecer de tirar de casa. Pode ser uma caderneta simples ou uma agenda no telefone. O que é importante é que seus compromissos marcados estejam na agenda e que você a olhe todos os dias no começo do dia. Isso vai também aliviar muito da ansiedade e do estresse de ser pego de surpresa por algum compromisso. Mas atenção, tudo que não é compromisso é lista de afazeres. Deve estar em algum lugar separado, mesmo se estiver na agenda. A agenda não é uma lista de desejos, é um lugar para o que é fixo com horário, a sua *to-do list* pode ficar ao lado do que está agendado para que você mate essas tarefas ao longo do dia, e vamos falar sobre como organizar essas tarefas em prioridades de acordo com o seu propósito e seus objetivos no capítulo 6.

Organize sua mente

Aprender a controlar os pensamentos não é fácil, mas é um hábito para que você pare de perder o tempo não prestando atenção nas coisas importantes, aquelas que mudam a sua vida. A meditação é a prática de focar a mente em um objeto ou atividade a fim de limpar completamente sua cabeça daquela rádio AM que funciona 24 horas: seus pensamentos desordenados sobre tudo. Sobre o barulho da rua, a mancha na parede, a conta que vai vencer daqui a 10 dias, sobre a resposta que sua mãe deu e você não gostou, mas também naquele dia ela estava com fome... Deu para entender, né? Ao contrário do que muitos pensam, meditar não é refletir, e sim *não pensar*, que é a coisa mais difícil de se fazer em um mundo com tantos estímulos como temos agora. Atualmente, nós somos como o louco que anda pelas ruas falando sozinho, só estamos de boca fechada.

O mundo vem em uma crescente de descoberta e endosso das práticas de meditação. Celebridades como Madonna, Paul McCartney, Oprah Winfrey, Warren Buffet e a supermodelo Gisele Bündchen já afirmaram em diversas entrevistas que praticam a meditação e que ela fez toda a diferença no seu cotidiano e produtividade. Em 2020, os aplicativos e cursos de meditação dispararam nas vendas, com a população isolada em suas casas no mundo inteiro. Só na semana de 29 de março de 2020 esses aplicativos registraram 750 mil downloads![1] A expectativa é que esse mercado cresça em média 7,8% ao ano entre 2020 e 2025 graças aos resultados da meditação: uma técnica solitária, barata e prática para aliviar sintomas de ansiedade e trazer mais foco para o dia a dia das pessoas. E você provavelmente já recebeu o conselho de que deveria meditar ou já tentou meditar, mas com o tempo parou. O que nos leva a outra questão: por que meditar é tão obviamente bom e ao mesmo tempo dá tanta preguiça?

Pelo mesmo motivo que comer bem é bom, mas dá preguiça. E fazer exercício é bom, mas dá preguiça. São *hábitos*. Você não vai conseguir meditar 30 minutos todos os dias só porque decidiu que

---

1 *Meditation during coronavirus*. Disponível em: <https://www.washingtonpost.com/technology/2020/04/21meditation-up-during-coronavirus/>. Acesso em: 5 maio 2021.

precisa disso. Vai precisar primeiro de cinco minutos, no momento do dia mais propício para não dormir e nem ser interrompido.

Minha dica é que você comece com cinco minutos e de preferência depois da sua atividade física preferida. Logo depois de gastar energia é mais provável que sua mente esteja mais tranquila e você não precise ficar tão ansioso para limpar os pensamentos. Pode ser um contexto que facilita a prática, assim como buscar vídeos e áudios na internet de meditações guiadas, porque eles ajudam quem ainda não tem prática de simplesmente não pensar em nada direcionando pensamentos para imagens específicas, e, principalmente para a sua respiração. O mesmo vale para os apps de meditação, eles têm coleções de áudios de meditações guiadas de diversas durações para te ajudar. Tente meditar por cinco minutos todos os dias, mas tenha paciência consigo mesmo. Se lá pelo minuto 1 ou 2 você sentir coceira, ou ouvir o carro do ovo passando na rua, aceite que se distraiu e volte. Sem pensar obsessivamente sobre como você nunca consegue fazer o que se propõe, o ponto não é esse. Meditação não tem necessariamente a ver com espiritualidade, mas eu sugiro fortemente que o momento da meditação também seja o seu momento de reconexão espiritual, se você tiver um direcionamento espiritual ou religião. Logo após meditar, aproveite para fazer sua oração de escolha ou uma leitura do texto sagrado da sua religião. Aliás, a oração é uma forma de meditação que você pode tentar – é só pensar nas pessoas que fazem correntes de oração, e como elas atingem a concentração plena. Aproveite que conseguiu silenciar a sua mente e está sozinho e vivenciando o que há de mais íntimo em você. Vale a pena, a meditação é uma grande aliada do foco. Quanto mais você conseguir meditar, mais resultados vai ver na sua capacidade de se manter em uma tarefa por mais tempo sem se cansar. Alguns yogis inclusive indicam que dá para compensar a falta de sono eventual com meditação, porque assim você consegue fazer pelo menos em parte a faxina mental necessária que estava destinada ao sono.

DUAS TÉCNICAS DE MEDITAÇÃO PARTINDO DA SUA RESPIRAÇÃO

Essa é uma técnica que surgiu da prática de yoga, mas é indicada por médicos do mundo todo e amplamente difundida como forma de amenizar sintomas de ansiedade e angústia.[2]

Respiração quadrada: sente-se em um lugar tranquilo, com a coluna ereta para permitir que o ar passe pelo seu corpo mais amplamente. Feche os olhos e respire normalmente prestando atenção em cada movimento de entrada e saída do ar. Depois de alguns segundos comece a respirar contando até 5 para cada movimento. Inspire em 5 segundos, prenda o ar por 5 segundos, solte por 5 segundos e segure sem ar por mais 5. Repita prestando atenção na respiração e na contagem de tempo. Essa é uma técnica calmante famosa, excelente para quem está estressado ou sente que não consegue parar o pensamento em lugar algum no meio do dia, por exemplo. É perfeita para uma pausa durante o expediente.

Escolhendo uma meditação guiada, uma técnica de respiração, ou meditar olhando para a chama de uma vela, fazer uma oração ou sequência de orações, ou a técnica da sua preferência, tenha consciência de que um hábito precisa de constância para

---

2 FÁDEL, Helio. *Técnica da respiração quadrada*. Disponível em: <http://heliofadel.com.br/tecnica-da-respiracao-quadrada/>. Acesso em: 10 abr. 2021.

se estabelecer na sua vida. Que é bom começar pequeno e que durante a sua prática barulhos vão acontecer, buzinas ou passarinhos podem estar lá fora para te interromper. Não se pressione demais, apenas reconheça que essas coisas existem e deixe passar. Temos diálogos inteiros e gastamos uma energia imensa sem resolver problemas, apenas mastigando-os obsessivamente, e isso leva a uma quantidade grande de foco embora nos deixando exaustos. O ponto da meditação é você aprender a não pensar em nada, pelo tempo que conseguir. Ela reseta a sua mente, limpando para que você possa pensar na sua prioridade. Hoje seus pensamentos são como aquele pacote de salgadinho que você tentou abrir rápido e estourou para todo lado, organize a mente e vivencie mais clareza mental.

Organize seu corpo

Uma pessoa não consegue ficar bem mentalmente sem cuidar do próprio corpo. Não é necessário ser médico para falar sobre isso, é senso comum que nós somos feitos de uma união de corpo e mente. Se você ainda acredita que consegue ter uma mente sã sem um corpo são tente fazer uma prova enquanto está com dor de dente e me diga como foi. Dito isso, existem três pilares do cuidado do corpo para que você forme um contexto que propicia o foco e a força de vontade: exercício, alimentação e sono. Um grande fator para realizar seus objetivos é conseguir colocar a rotina do seu corpo no piloto automático garantindo que ele vai receber a atividade, a nutrição e o descanso necessários para funcionar bem. Um corpo cansado e mal alimentado significa uma mente inquieta, pulando de assunto em assunto, falta de vontade de fazer as coisas, desânimo e momentos de muito sono (em geral, o sono vem sempre nos piores momentos).

Não posso dar conselhos sobre alimentação saudável e exercícios, você terá que dedicar tempo de pesquisa, experimentação e talvez até parte do orçamento para encontrar um médico, um nutricionista e/ou uma aula do exercício que mais gosta. Sobre exercício, não teria como recomendar algo, a escolha de uma atividade é muito pessoal e precisa levar em conta sua idade, seu tipo físico, seu estilo de vida e o que diverte você. Mas uma coisa é certa: você precisa ter uma rotina de exercícios físicos. Pesquisadores holandeses descobriram que alternar aulas com 20 minutos de exercício físico aumentou a concentração de crianças do primário[3], por exemplo, assim como exercício comprovadamente ajuda pessoas com transtorno de déficit de atenção a ficarem mais focadas, e reduz o estresse[4].

Tendo esses benefícios em mente, qualquer exercício é válido, contanto que você comece dentro das suas possibilidades. Fazer uma videoaula, sair para caminhar, fazer yoga em casa, faça algo por pelo menos meia hora, e faça todos os dias. Lembre-se que você não tem um corpo, você mora em um corpo, e precisa se conectar com ele todos os dias. Essa reconexão vai salvar a sua vida nos dias em que o seu cérebro está doido para fugir.

---

3   ALTENBURG, TEATSKE M. *Effects of one versus two bouts of moderate intensity physical activity*. Disponível em: <https://pubmed.ncbi.nlm.nih.gov/26724833/>. Acesso em: 11 mar. 2021.

4   *The Mental Health Benefits of Exercise*. Disponível em: <https://www.helpguide.org/articles/healthy-living/the-mental-health-benefits-of-exercise.htm#:~:text=Exercising%20regularly%20is%20one%20of,which%20affect%20focus%20and%20attention>. Acesso em: 12 mar. 2021.

O mesmo vale para comida, é importante considerar o que é a sua alimentação hoje tendo em vista que é outro assunto no qual cada pessoa terá sua medida. Da mesma forma que muita gente relata cortar o glúten e se sentir melhor, a grande maioria de nós depende dos carboidratos complexos para pensar claramente.

Você vai ter que pensar na sua alimentação, e pesquisar o que cabe para seu corpo, bolso e estilo de vida. E planejar sua alimentação semanalmente – inclusive os dias que você almoça fora no trabalho, incluir os cuidados com o seu corpo no planejamento da mesma forma que você faz com a casa. Planejar a princípio pode parecer trabalhoso, mas na verdade vai tirar uma decisão desnecessária de se fazer todos os dias. Vai fazer você entender o que funciona para você em termos de comida e observar melhor como seu corpo reage aos alimentos. E observar o que dá mais energia, o que dá mais foco, o que faz seu corpo reagir bem e o que faz ele gastar toda a energia só para digerir. Não estou falando nada contra nenhuma comida, mas quando a gente se conhece, entende que não dá pra comer feijoada na quarta antes daquela reunião de vendas. Deixa para o sábado, vai melhor com o seu cochilo, entende?

E falando em cochilo, dormir é muito importante. Mas assim, é tão importante para atingir seus objetivos quanto trabalhar. Dormir é tão importante que a super CEO do Huffington Post, Arianna Huffington, publicou um livro em 2016 apenas sobre isso chamado *The Sleep Revolution*. A própria Arianna descreve, em tradução livre, "o autocontrole requer energia mental e cada um de nós tem uma reserva limitada disso". Quando estamos cansados, essas reservas de energia acabam e nosso autocontrole sofre. É por isso que, avisa uma pesquisa de 2015 da Clemson University, a privação de sono nos coloca em maior risco de "sucumbir a desejos impulsivos, baixa capacidade de atenção e comprometimento da tomada de decisões" (p. 114). Dormir nos ajuda a focar. E você precisa dormir para ser uma pessoa mais focada.

Uma grande dica bem conhecida é você se planejar para dormir. Em média um adulto precisa de 7 a 9 horas de sono, então conte para conseguir dormir na hora certa – e uma hora antes de dormir comece a desligar os eletrônicos, prepare um chá, faça uma meditação guiada. Comece a avisar para seu corpo que está na hora de desligar, para não ficar se revirando na cama. Depois de um tempo se tornará natural dormir em certo horário (nos finais de semana pode dar um pouco de raiva). Mas você pode perguntar para qualquer pai ou mãe de recém-nascido o que acontece quando ficamos sem dormir e entender o quão importante é o sono para o bom funcionamento da mente, da memória e do foco. Dê a atenção que seu sono merece.

NÃO MUDE TUDO DE UMA VEZ

Tenha em mente que, ao contrário do que foi divulgado ao longo dos anos, um hábito demora mais do que 21 dias para se estabelecer. Na verdade, de acordo com Jeremy Dean, autor do livro *Making Habits: why we do things, why we don't and how to make any change stick*, um hábito demora 66 dias para se tornar hábito, a não ser que seja uma mudança muito simples, como comer uma fruta todos os dias. Sendo assim, meu conselho é que você todas as semanas mude uma única coisa de cada uma das três áreas. Apenas uma coisa e passe entre 7 e 15 dias firmando esse hábito antes de querer fazer mais. No caminho para fazer exercícios todos os dias, por exemplo, talvez você precise colocar primeiro uma atividade 2 ou 3 vezes por semana, e depois de quinze dias preencher mais um dia e depois outro. Assim como para a sua alimentação: preocupe-se primeiro em organizar uma única refeição por toda a semana, como, por exemplo, garantir as compras e organização do seu café da manhã. Resolva seu café da manhã e passe pelo menos quinze dias nesse planejamento, nunca mais acorde sem ter algo saudável para comer. Depois disso você consegue pensar em qual vai ser o próximo passo para o seu corpo, pense se quer cortar algo que não faz bem, ou se vai começar a planejar o menu semanal de café e também do jantar. Aos poucos sua rotina vai se ajustando para que você não se canse com coisas que precisam ser automáticas. Mas é uma coisa por vez.

Fique atento para entender quais são suas rotas de fuga: compras complicadas de comida, academia que precisa pegar o carro para ir, meditar antes de dormir quando você simplesmente cai no sono, deixar a casa bagunçar demais ou querer arrumar no final de semana quando você só quer descansar. Olhe para a sua rotina com os olhos de um cientista e comece a otimizar a sua experiência nessa terra. Você vai conseguir sentir uma drástica diferença no seu foco assim que implementar uma dessas mudanças em cada área. Esse ganho de energia será o combustível para continuar sendo disciplinado – e para retomar quando furar a rotina.

Não se culpe muito se em algum momento furar algum dos novos hábitos, apenas retome, só furar não é motivo para desistir, amanhã é um novo dia, e o foco é feito de uma sequência de decisões positivas, você perdeu uma delas, não todas.

> **FOQUE NISTO**
>
> Bons hábitos fazem com que seja fácil ter foco.
>
> Você precisa organizar as principais áreas da sua vida: sua casa e agenda, sua mente e seu corpo.
>
> Organize sua casa fazendo sprints de destralhamento de 15 minutos todos os dias.
>
> Organize sua mente buscando a meditação mais fácil para você, e comece com apenas 5 minutos.
>
> Organize seu corpo estabelecendo uma rotina de sono, alimentação e exercícios que combina com você.
>
> Faça do seu sono uma prioridade, ele vai ajudar no seu autocontrole e no foco.
>
> Um hábito demora mais do que 21 dias para se estabelecer, se você furar o plano, apenas recomece! Sem drama.

3 Gerenciando o tempo

"Hábitos são construídos dia após dia, decisão após decisão. Não espere algo acontecer repentinamente; aprenda a construir solidamente."

É inegável que nosso mundo ficou complexo. Pergunte para seus pais e avós como era um dia normal de trabalho antes da era digital e perceba que hoje você trabalha muito mais do que eles pelo simples fato de que você não trabalha só quando está no trabalho. As redes sociais e serviços digitais propiciaram grande agilidade pelo preço de nos dar mais escolhas em um dia do que nossos avós tinham em um ano.

Muito do que acreditamos ser uma facilidade é na verdade distração e trabalho grátis. Como, por exemplo, o seu aplicativo de internet banking. Antes você ia até uma agência e solicitava uma operação que alguém fazia e pagava uma taxa ao banco (ou fazia parte do pacote da sua conta). Hoje você abre o celular, precisa lembrar de uma senha, outra senha, pegar um token, colocar sua digital e fazer todo o serviço – e ainda ter uma taxa cobrada por isso mesmo assim! O trabalho grátis se alia à complexidade de todas as suas decisões de vida. Muitas vezes antes mesmo do café da manhã você já absorveu diversas notícias e fotos das redes sociais, já decidiu muitas coisas, respondeu e-mails e fez coisas complexas online.

Enquanto fazia tudo isso você se distraiu muito, e provavelmente demorou para começar a trabalhar ou estudar, e parou algumas vezes porque essa complexidade do mundo moderno continuava te chamando. Seu celular apitou. Suas redes sociais chamaram sua atenção. Você ligou a música, desligou, ligou de novo. Conversou com um amigo no chat. Hoje é como se nossa mente fosse uma criança solta no parque de diversões: são muitos brinquedos. É até difícil de escolher um. Nesse capítulo vamos tratar dos principais ladrões de tempo que se colocam entre você e o seu propósito todos os dias.

"LADRÕES DE TEMPO" QUE NOS FAZEM PROCRASTINAR E NOS TIRAM O FOCO

Não ter rotina de sono

Eu sinto dizer, mas salvo raríssimas exceções, as pessoas mais produtivas acordam cedo e dormem cedo. Principalmente se você já passou dos 30 anos você já entendeu que não adianta achar que de madrugada você rende muito bem, que é bom fazer as coisas à noite, porque no outro dia você tem obrigações e elas acontecem no fuso-horário da sociedade – não na sua imaginação. Se você realmente quer ser uma pessoa focada que está atrás de um propósito, você vai precisar acordar cedo. Não importa o quanto notívago você seja, você vai perder muitas horas produtivas se não viver a sua manhã. E por mais que você me diga que adora viver à noite e que trabalha melhor, seu corpo não vai concordar: pesquisas comprovam que os trabalhadores noturnos sofrem inúmeras consequências em seus organismos, sendo majoritariamente sedentários, com problemas gástricos, e mais propensos a doenças vasculares[1]. A verdade é que o corpo precisa dormir à noite, consumir alimentos e se movimentar durante o dia, não o contrário. E que provavelmente você acha que "funciona" melhor na madrugada porque é o horário que existem menos distrações, mensagens de celular e notificações de redes sociais. Claro, nem todo mundo tem o privilégio de escolher que horas vai trabalhar – e a medicina tenta ajudar os trabalhadores noturnos com suplementação e novos protocolos de saúde que aliviem os efeitos dessa inversão de rotina. Mas se você tem esse privilégio de poder dormir na hora em que todo mundo também dorme, não o jogue fora por um hábito que provavelmente é uma romantização que você trouxe da adolescência sobre ficar acordado a noite toda.

Tente criar uma rotina de sono que propicie você dormir o mais cedo que pode, e acordar o mais cedo possível. O ideal para a sua produtividade é que você acorde com tempo o suficiente para despertar sem sair correndo, tendo tempo para fazer um exercício físico, sua meditação diária e comer uma refeição gostosa. Daí seu dia pode começar.

O best-seller *O milagre da manhã*, de Hal Elrod, não se tornou um sucesso por acaso. No livro, Elrod descreve como ele conseguiu se tornar incrivelmente produtivo acordando apenas uma hora mais cedo do que estava acostumado. Ele preencheu essa hora com o supercombo de bem-estar de 6 passos que permite que você use a primeira hora da manhã para construir seus sonhos e entrar no foco para o que vai fazer no resto do dia. Entre afirmações, leituras, e outras coisas mais, Elrod ensinou para o mundo a

---

1 MORENO, Roberta de C.; LOUZADA, Fernando M. *O que acontece com o corpo quando se trabalha à noite?*. Disponível em: <https://www.scielo.br/scielo.php?script=sci_arttext&pid=S0102-311X2004000600034>. Acesso em: 10 abr. 2021.

importância de acordar cedo e ter seu próprio ritual para começar o dia.

Acordar mais cedo te dá a vantagem de aproveitar um pouco do silêncio do mundo antes de as obrigações começarem. E a verdade é que seu corpo precisa da luz e o mundo moderno vive em grande maioria das 9h às 18h. Pessoas produtivas acordam cedo e, consequentemente, dormem cedo.

Solidão e ansiedade

A solidão e a ansiedade são grandes ladrões de tempo. Pergunte para qualquer pessoa que ficou totalmente isolada trabalhando em casa quando estourou a pandemia da Covid-19 no ano de 2020. Nos sentimos sozinhos, ansiosos, muitas vezes entediados e a primeira reação é pegar no telefone, passar muito tempo olhando lojas online, lendo notícias, comendo coisas sem estar com fome ou rolando pela tela de redes sociais.

A distração também pode ser uma forma de compulsão. Aprender a gerir nossas emoções ajuda no nosso foco, fazendo com que você não se sinta mais caçando por uma interação que alivie esses sentimentos.

O primeiro passo é entender o que deixa você ansioso ou solitário e medicar a causa, não o sintoma. Talvez seja o silêncio e você pode preenchê-lo com uma playlist de sons da natureza que não tire sua concentração (e isso evita que você preencha o silêncio conversando ou ligando a televisão). Em todos os streamings de música hoje existe uma variedade dessas playlists com sons neutros, e ainda existem muitas outras opções como mantras, música instrumental. O importante é não colocar músicas que distraiam você cantando ou acompanhando a letra.

O som pode ser um bom companheiro para quem está se sentindo sozinho. Já para a ansiedade existem alguns caminhos, mas um muito importante é que você medite todos os dias aqueles cinco minutos que combinamos no capítulo interior.

Claro, se você tem transtorno de ansiedade generalizado, esses conselhos não valem sem acompanhamento profissional. Mas, se a sua ansiedade é algo que vem principalmente quando você está sozinho trabalhando e sente que precisa olhar o telefone, fazer algo para comer, abrir um site de uma loja que não tem nada de urgente, talvez seja o momento de fazer um exercício de respiração e se perguntar "por que essa tarefa me dá o impulso de fugir?".

Você pode ter um caderno para anotar o que está sentindo, parar e fazer um exercício de respiração e daí continuar sua tarefa. Fuja do seu escape habitual como redes sociais ou a cozinha, e direcione essa energia para o seu caderno ou para uma meditação, quantas vezes for preciso.

Não ter um orçamento de tempo

Pergunte para qualquer especialista em finanças pessoais qual é o maior vilão da saúde financeira das pessoas. Certamente "ninguém sabe quanto gasta e quanto ganha de fato" vai aparecer como uma das respostas mais frequentes.

Nós fazemos a mesma coisa com o nosso tempo. Preenchemos nossas listas de tarefas como se fosse uma lista de desejos e não monitoramos o quanto realmente precisamos de tempo para concluí-las. Vou pedir que você tenha um bloco ou caderno – você provavelmente já tem. Para anotar todas as coisas que precisa fazer naquele dia. Aproveite seu café da manhã para fazer isso.

Coloque essas coisas em ordem do que você acha que precisa fazer primeiro e ao lado a expectativa de tempo de cada uma delas. Dê 15 minutos entre cada tarefa e não se esqueça de colocar tempo para almoçar e tomar um café da tarde.

No final do dia, anote o que realmente aconteceu e se surpreenda com o resultado. Nós superestimamos nossa capacidade de trabalho, e não é por mal, não é por falta de vontade. Nós realmente queremos acreditar que somos capazes de entregar tudo aquilo, mas um pouco de observação e autoconhecimento confirma que não, na verdade as coisas levam mais tempo. Isso não significa que você é incompetente ou queria enganar alguém. Muitas vezes uma tarefa precisa de espera ao telefone, ou busca de informações, ou do retorno de alguém e você vai se ver preso nela mais do que gostaria. Você também vai aprender que precisa contar seu tempo de deslocamento entre compromissos, porque não se materializa entre lugares. E que sua expectativa inicial de tempo contava que você ia terminar mais rápido por um desejo genuíno de dar conta de tudo, mas que apesar de genuíno era pouco realista.

Faça um orçamento do seu tempo todos os dias, vendo quantas horas úteis tem, e o que é possível de fazer na sua check-list. Está tudo bem se você não conseguir fazer tudo, mas o ponto dessa prática é que você pare de se enganar – isso vai diminuir a sua ansiedade, vai fazer com que você estabeleça prazos mais realistas consigo mesmo, com seu chefe e clientes. Assim dá para ser muito mais focado.

A minha sugestão é que você use a check-list e a agenda para planejar apenas 70% do seu dia útil e deixe 30% para tudo que vai aparecer. Repito: ao fazer a lista e alocar seus blocos de tempo, só preencha 70% do dia – confie em mim, muita coisa aparece ao longo do dia que não prevemos quando estamos tomando café e anotando tudo que queremos fazer. Saber reservar seu orçamento de tempo para os imprevistos é uma salvação. Todos os dias você vai se tornar melhor em fazer o orçamento de tempo, assim como as pessoas que fazem orçamento financeiro também se tornam.

Gerenciamento de energia

Quando estiver fazendo a sua lista de afazeres do dia – agora mais realista do que nunca – comece sempre pelo mais difícil. Por aquela resposta complicada para um cliente, pela tabela que te dá taquicardia só de pensar em abri-la. Comece por aquilo que vai usar a maior parte de você, do seu emocional e da sua força. Porque é no começo do dia que temos mais energia, mais foco e estamos prontos para encarar essas ações. Temos o péssimo hábito de ir procrastinando tudo que é difícil. No livro *Comece pelo mais difícil*, Brian Tracy cita que Mark Twain dizia que a primeira coisa que uma pessoa deveria fazer de manhã é engolir um sapo vivo. Porque depois disso, nada mais poderia ser tão ruim, e, caso você precise engolir dois sapos vivos naquele dia é melhor começar pelo mais feio. E Tracy ainda completa o raciocínio: caso você esteja pensando que é melhor deixar o sapo para depois, ficar olhando-o ao longo do dia não deixa o ato de engolir mais fácil. Assim como procrastinar faz uma tarefa durar horas e horas de sentimento de culpa nas quais você fica pensando que deveria estar fazendo aquilo, em vez dos minutos para efetivamente fazer.

O sapo é a sua tarefa mais importante e mais difícil. Respire fundo, desligue o telefone e termine logo com isso. Você vai se sentir muito melhor. E ao longo do dia planeje ir fazendo tarefas cada vez mais fáceis para acompanhar seus níveis de energia. O ideal é que no final do dia você já esteja fazendo tudo aquilo que não exige muito, e sua mente vai agradecer.

Outra dica importante para gerenciamento de energia é que você precisa ter pausas entre tarefas. Repare que não disse que você pode, você *precisa*. E uma pausa significa realmente relaxar a cabeça, fazendo uma respiração como as que aprendemos no capítulo 2, indo olhar pela janela, pegando uma xícara de café ou de chá, fazendo um lanche saudável. Tente não pegar no telefone ou se perder no Instagram ou qualquer rede social durante uma pausa. As redes trazem muita informação e podem gastar nossa energia sem oferecer nada de realmente valioso em troca. A falta de descanso é um ladrão de tempo muito comum, nós achamos que somos mais produtivos até quando estamos há meia hora na frente do computador lutando com a nossa exaustão – para uma tarefa que, bem descansados, mataríamos em poucos minutos.

Descanse sempre entre tarefas como uma forma de manutenção do seu foco. Descansar é tão importante quanto produzir quando se trata de atingir os seus objetivos.

E-mail e comunicações

Tente rapidamente fazer uma lista de quantas caixas de entrada atualmente você tem: e-mail (muitas vezes mais de um), WhatsApp, redes sociais, correio, telefone. São muitas! As notificações do celular e do computador são um ladrão de tempo para todas as pessoas.

Para deixar de ter seu dia drenado por todas essas notificações, você vai precisar aprender algumas regras de etiqueta para uso das redes. E, ao seguir as regras, você pode até acabar educando quem está à sua volta e criando um ambiente mais focado.

A primeira coisa é desligar todas as notificações. TODAS. De redes sociais, e até do (infame, porém necessário) WhatsApp. Em geral o e-mail é muito importante dentro das empresas e para quem lida com clientes, mas ficar vendo os e-mails chegarem na tela do computador e respondendo o tempo todo não deixa ninguém produtivo, apenas exausto. Você precisa ter 3 horários de checagem por período (3 de manhã, 3 de tarde). Se puder ter menos, melhor ainda! E vale inclusive deixar um aviso de ausência automático informando que, se a pessoa não puder esperar míseras 3 a 6 horas pela resposta, é melhor que ela te ligue. Em geral só esse aviso já deixa a maioria dos pressionadores de plantão ligeiramente envergonhados de precisar de resposta imediata.

Outra etiqueta importante para aprender em relação a e-mail: e-mails que possuem muita gente copiada devem ser usados com parcimônia. Não seja um agente do caos na caixa de entrada dos outros, porque todos podemos contribuir para menos poluição de informação. Especialistas em produtividade recomendam que se um loop de e-mail tem mais do que 2 rodadas de respostas, é hora de pegar o telefone e acertar os detalhes com a outra pessoa. Tenha o e-mail como uma ferramenta de registro e de troca de arquivos.

O mesmo vale para WhatsApp: não seja a pessoa que mal mandou um e-mail, já vai perguntar no WhatsApp se o outro viu. E também não cobre respostas imediatas e nem se sinta na obrigação de responder. Priorize administrar sua agenda como *sua* agenda, e não dos outros. Você responderá quando puder, e seus clientes e chefes devem ser avisados que coisas urgentes podem ser resolvidas em uma ligação. Eu sei, é muito chato falar ao telefone, mas é extremamente produtivo. Você pode fazer esse esforço para ter menos ladrões de tempo e se sentir com muito mais foco e energia ao longo do dia.

Tenha horários fixos para responder às suas mensagens de redes sociais e para dar aquela olhadinha na timeline. Imagina o quanto mais produtivo pode ser seu dia se você só olhar as redes sociais duas vezes ao dia? Para facilitar isso, você pode desinstalar esses apps do seu celular. Em termos de redes sociais é bom pensar na regra de ouro: se você não ganha dinheiro com elas, é porque provavelmente está perdendo. Melhor deixar para momentos restritos de diversão – em vez de uma resposta ao tédio, solidão e ansiedade que sentimos normalmente em um dia de trabalho.

Você não tem um sistema de caixa de entrada

Esse ladrão de tempo é muito mais comum do que imaginamos. Tenha um sistema para organizar suas mensagens que chegam. Existem diversos sistemas que você pode encontrar na internet, mas eu sugiro criar 3 subpastas trânsito no seu e-mail, junto a uma pasta para cada projeto que você toca no trabalho ou na vida (afinal, quem nunca criou a pasta "Reforma"?). Todo o e-mail que pode ser respondido em menos de um minuto, você responde imediatamente. Os que levam mais precisam ser catalogados nessas 3 pastas: uma para respostas que tomam tempo para responder, outra para respostas que dependem de outra pessoa (você perguntou para alguém e está esperando a informação para responder o e-mail) e outra para o que foi delegado para alguém (você repassou para alguém e está esperando a resolução). E tudo que estiver "resolvido" deve ser colocado na pasta do projeto específico.

Existem outros sistemas de caixa de entrada, como o GTD (Getting Things Done), do David Allen, e todos são, em geral, uma variação desse. O importante é que você atinja um status que é sonho de muita gente: uma caixa de entrada realmente limpa. Todos os dias. E eu juro que é mais fácil do que parece.

Com a caixa limpa, você verá como fica mais fácil ir resolvendo suas únicas 3 pastas de e-mails pendentes, e como você vai se sentir menos ansioso e estressado ao entrar no seu e-mail, usando o seu tempo pré-determinado para responder e-mail da melhor forma possível. Seja qual for o melhor sistema para você, crie um com esse único objetivo: ter uma caixa de entrada VAZIA. Repita comigo: caixa de entrada vazia, trabalhador feliz, ser humano focado.

Você não sabe dizer não

Se sentir na obrigação de ser legal, ajudar sempre, estar sempre "quebrando um galho" é também um grande ladrão de tempo. Você começa a deixar muitos imprevistos e trabalhos que não tem nada a ver com seus objetivos ocuparem seu dia. E não adianta o quanto boa pessoa você é, você só tem 24 horas (você e a Beyoncé, pense bem no tanto que ela faz enquanto você quebra galho dos outros).

Dizer não é um dos grandes segredos para conseguir fazer o seu único propósito acontecer. Diga mais nãos do que você diz sim, e sempre se pergunte se você tem realmente espaço na sua agenda para aquela nova ideia ou nova vontade. Hoje a grande maioria das pessoas sofre de FOMO, *Fear of Missing Out*, ou "Medo de Perder as Coisas" em inglês. O FOMO te mantém ligado no celular, ouvindo quantos podcasts puder, lendo todas as notícias e querendo se atualizar o tempo todo com memes e links. Se pergunte: eu preciso mesmo saber dessas coisas? Na verdade, tente lembrar das coisas que você lia na internet seis meses atrás... qual era o meme da vez? E a dancinha do TikTok? Aposto que você não lembra. Porque não faz diferença saber dessas coisas, procure se informar o possível para estar atualizado, mas não se envolva muito e nem gaste tempo com o que foge do seu objetivo. Estamos sempre sendo seduzidos por tudo o que deveríamos dar conta. Você combate o FOMO se souber qual é o seu propósito, por isso ele é tão importante. Propósito é a fonte de todos os nãos. É o propósito que vai gerar a sua intenção para a semana, o mês, o ano. Sem intenção, nada é realizado, você só foi engolido por mais um ano.

FOQUE NISTO

Para um mundo complexo que exige muitas decisões é importante colocar o máximo possível dessas decisões em uma ROTINA.

Rotina não é ruim, permite que você seja criativo para coisas novas e não para o que se repete todo dia.

Dormir e descansar é tão importante quanto produzir.

Faça um esforço e se organize para dormir cedo.

Busque autoconhecimento para descobrir as causas da sua ansiedade.

Gerencie sua energia ao longo do dia.

Faça orçamentos de tempo.

Organize suas caixas de entrada.

Diga mais "não" do que "sim".

Estabelecendo prioridades e metas para tornar-se mais PRODUTIVO

4

"Pare de querer agradar a tudo e a todos. Isso só o fará perder tempo em sua jornada."

Como já conversamos, estabelecer o seu propósito é importante, porque a partir dessa clareza você tem mais repertório para pensar nos seus objetivos. Pensando no seu propósito, você pode levar o autoconhecimento um pouco mais longe e fazer o seguinte exercício: o que é a sua vida ideal? Pare por um tempo e não tenha medo de escrever ou desenhar sobre como seria sua vida ideal e o dia a dia que você leva nessa vida. Quanto dinheiro você ganha? Onde mora? Em que tipo de casa ou apartamento? Quais são seus hobbies nessa vida ideal? No que você trabalha? Quantas horas por dia trabalha? E seus relacionamentos, como são? Você se vê com filhos ou sem? Você precisa tirar um tempo para entender o que seria a vida ideal, o que você realmente quer, e tudo bem esse quadro não acontecer em um dia só, pode demorar alguns dias. Parece tão óbvio, mas a maioria das pessoas pensa em termos gerais e abstratos, como por exemplo, pensam "meu sonho é ser feliz" ou "meu sonho é comprar uma casa". Mas não sabem descrever a casa em detalhes. Quantos quartos? O sol que bate na casa é da tarde ou da manhã? E fica muito mais difícil entender seu sonho como um objetivo palpável se você nunca o detalhou para si mesmo.

FAÇA UMA AVALIAÇÃO

O primeiro passo é avaliar sua vida, nas áreas e diferentes papéis que você tem. Todos nós somos mais de um: filho, profissional, estudante, cônjuge, atleta, alma. Pense em quais papéis da sua vida são os mais importantes para pensar em um plano de vida. E o exercício que aprendi com um amigo é imaginar que, no final da sua vida, você está sendo entrevistado para virar capa de revista.

Pense assim, você está com quase noventa anos e está dando uma entrevista, como responderia às principais perguntas sobre o seu legado nesse mundo? Vou deixar algumas questões para que você reflita sobre isso:

> **O que você nunca imaginou que faria, mas fez?**
> **Pelo que você é lembrado agora?**
> **Quem são as pessoas mais importantes da sua vida?**
> **Do que você sente mais orgulho?**
> **Quais foram os momentos que formaram quem você é agora?**

Pensar em como você gostaria de ser lembrado no final pode ajudar a entender o que significa uma boa vida para você. Em que tipo de casa você morou, que tipo de amores viveu, se teve uma família tradicional ou se construiu afetos de outra forma. Em qual profissão você se consagrou e o que significa a consagração para você – para muita gente significa apenas ter a segurança de uma velhice tranquila, e isso é ótimo.

Liste tudo o que puder pensar que você visualiza da sua vida ideal, quando for bem velhinho, coloque o título "Meu eu de 90 anos será..." e vá escrevendo área por área da sua vida, e não esqueça de colocar o seu propósito no topo da lista. Quando terminar a lista, olhe bem para ela e perceba o que ali é uma prioridade. Passe a lista a limpo por ordem de prioridade, e a novidade aqui é que suas prioridades sempre vão mudar, então nada de se estressar para escolher se investir na sua carreira ou seu casamento é agora uma prioridade. Talvez você esteja na casa dos vinte anos e estudar é a prioridade, ou esteja na casa dos 30 e deseja ter filhos, ou mudar de carreira, pode ser sua saúde. Mas reordene a lista por prioridade, sem sentir pressão, porque você sempre vai rever essa lista conforme o tempo passar. É importante estabelecer prioridades, porque não é possível agir sobre tudo o tempo todo. Você precisa primeiro equilibrar as áreas mais urgentes, e a lista serve para enxergar quais são e não perder as outras de vista. Sabendo suas prioridades atuais, separe as três primeiras. E vamos abrir mais uma lista, e, eu prometo, toda essa lição de casa vai fazer sentido.

UM PLANO DE VIDA

Por favor, não comece a suar frio. Vamos fazer um exercício de plano de vida agora que tem a ver com foco e a sua lista *Meu eu de 90 anos* ajuda a definir alguns próximos passos. Até o final do capítulo vai fazer sentido porque o plano de vida é útil para que você seja mais focado no seu dia a dia.

Primeiro, pense no seu propósito, qual é? Pegue o seu propósito e coloque na primeira linha da página, e em seguida os itens de como você imagina sua vida ideal daqui 20 anos. Escreva em itens detalhados como você imagina, e use aquela lista de objetivos para quando você tiver 90 anos para te ajudar, escreva pelo menos uma frase para cada item. Vou deixar um exemplo aqui.

Propósito de vida: trazer conhecimento e ajudar as pessoas usando minha capacidade de me comunicar

Amor: Quero manter um relacionamento estável com meu cônjuge, tendo tempo para romance e viajar bastante, no final da nossa vida ele/ela vai dizer que eu era um grande parceiro de aventuras e seu melhor amigo.

Lazer: Quero ter tempo para me dedicar a jogar tênis, que era meu esporte preferido na infância, me vejo jogando tênis todos os finais de semana e também treinando durante a semana.

Intelecto/estudos: Vou fazer um MBA em Gestão de Comunicação e depois um mestrado para dar aulas.

Saúde: Fazer exercícios físicos todos os dias, controlar minha diabetes e ter uma velhice tranquila.

Finanças: Ter um imóvel próprio e um fundo de aposentadoria que me garanta XX mil reais por mês. Investimentos em renda fixa no valor de XX mil reais.

Trabalho e carreira: Vou chegar ao cargo de Diretor De Marketing de uma grande empresa, e ganhar aquele prêmio do mercado.

PLANO DE VIDA

Meu propósito de vida é............................
....
Em (área escolhida)...............................
eu vou..
No amor eu vou...................................

....
No intelecto e estudos eu......................
vou..
Na saúde eu vou.......................................
....
Nas minhas finanças eu vou....................
....
No meu trabalho e carreira.......................
vou...

Assim, você entende o que quer, o seu propósito, e qual é a vida ideal daqui 20 anos. É importante escrever e visualizar, porque isso faz com que você elabore seus desejos, e muitas vezes percebemos que queremos outras coisas. Vamos pegar apenas um desses itens, o profissional. Se hoje você é coordenador, e daqui 20 anos quer ser diretor, o que precisa acontecer no meio do caminho? Assumir um cargo de gerente, certo? E antes disso? Olhe para os outros gerentes, qual é o caminho deles? Talvez você precise de uma pós--graduação, de um nível avançado de inglês, e depois dessa pós precise mudar de emprego, se perceber que a empresa onde você está hoje não costuma oferecer tanta oportunidade. Ter a visão de vida serve para você quebrar em metas menores os passos para realizar os seus sonhos. Se você sonha em daqui vinte anos estar casado com filhos, sabe que na metade dessa meta precisa estar namorando a pessoa com quem se sente confortável casar, se estiver solteiro ou namorando alguém com quem não quer se casar, é hora de agir e mudar o curso da história.

A partir desse raciocínio você vai pegar a sua lista do *Eu de 90 anos* e a lista do plano de vida e fazer um plano de médio prazo. Médio prazo significa cinco anos, apesar de a revolução digital ter nos deixado tão ansiosos que um ano parece tempo demais. O que precisa ter acontecido na sua vida em um prazo de cinco anos para você sentir que está um pouco mais próximo da vida que sonha em ter? Claro, não dá para resolver vinte anos em cinco, mas você consegue ter uma noção de para qual direção deveria estar seguindo.

PLANO DE MÉDIO PRAZO

Meu propósito de vida é..............................
....

No amor eu vou..
....

No lazer eu vou ....
....

No intelecto e estudos eu vou..................
....

Na saúde eu vou...
....

Nas minhas finanças eu vou......................
....

Com meus amigos e família vou.............
....

No meu trabalho e carreira vou...............
....

Estabelecido o que precisa acontecer em cinco anos, é hora de pensar no seu próximo ano. Meu conselho pessoal é não esperar a virada do ano para fazer seu plano anual, porque isso não passa de uma das nossas muitas formas de procrastinação. O ano não acaba e reinicia como um computador no dia 31 de dezembro para atualizar o sistema no dia 1º. Se você sabe o que deve acontecer na sua vida em cinco anos, um ano é fácil de resolver, faça uma resolução para cada uma das áreas da sua lista do *Eu de 90 anos*. Sempre com o seu propósito em mente. Todos os meses você vai revisar esse plano e escolher a uma única coisa na qual vai focar naquele mês. As outras, claro, não podem parar, mas ficam no modo administração, você vai colocar uma energia especial todos os meses em uma única coisa, que pertence a uma única área da sua vida.

PLANO ANUAL

Meu propósito de vida é..........................
....
No amor eu vou..
No lazer eu vou..
No intelecto e estudos eu vou.................
Na saúde eu vou..
Nas minhas finanças eu vou...................
....
Com meus amigos e família vou.............
....
No meu trabalho e carreira vou..............
....

Todos os meses você vai fazer o seu plano mensal com o seu foco – que é algo que a lista do *Eu de 90 anos* pode lhe entregar, ela é o seu check-up mensal de como estão indo as suas metas, seus sonhos, como você está se sentindo em relação à sua vida. Esse é um plano mais simples, que você vai focar no que precisa para administrar as áreas da vida e escolher o foco.

[
PLANO MENSAL
Meu propósito:
Área de foco do mês:
Metas:
]

Todas as semanas você vai revisar seu plano mensal, escolha um momento gostoso que você está relaxado como uma sexta-feira de manhã ou um domingo. A sua revisão semanal vai listar as coisas mais importantes que você tem para fazer naquela semana, os seus compromissos e o tempo que você vai separar para deixar livre tanto para lazer quanto para os imprevistos que sempre acontecem. Sempre. Lembre-se do que falamos no capítulo 3: o ideal é fazer listas para usar apenas 70% do seu tempo produtivo, porque nos outros 30% aparece muuuuita coisa.

Percebeu um padrão? Nós não vamos focar naturalmente no que importa porque a vida oferece informação demais, e estímulo demais, existem coisas demais brigando pela nossa atenção. É por isso que você precisa tirar um tempo para revisões anuais, mensais, semanais e diárias. Todos os dias, durante o seu ritual matinal, você vai olhar para o que precisa fazer no dia e para seu plano semanal. Parece algo que gasta tempo, mas é menos de dez minutos que salva muita dor de cabeça depois. E, com a prática, você fica cada vez mais rápido e menos focado.

Quando seu plano é bem estruturado, você consegue inclusive decidir se dar uma folga sem sentir culpa ou ansiedade, porque o seu descanso não significa o atraso de obrigações ou perder alguma coisa (que muitas vezes você nem sabe o que é, mas se sente mal por descansar). Nunca abra mão do tempo para se planejar, mesmo se a vida estiver extremamente caótica e você sentir que não consegue nem ir ao banheiro. Respire fundo, medite por 5 minutos e sente para revisar seus planos por mais cinco. São dez minutos que no final do mês e do ano farão toda a diferença. E mais: se você tem filhos e acredita que não há espaço na sua vida para isso, tente incluir as crianças no planejamento. Vocês podem se sentar juntos e decidir a uma tarefa que seu filho pode fazer para colaborar na casa, ou a lição de casa mais importante que ele tem para entregar hoje, enquanto você faz o seu plano. É a melhor herança que você pode deixar para o seu filho, a capacidade de se autogerir e trazer foco para o dia a dia. Eu, por exemplo, teria tido uma vida de estudante e jovem profissional muito diferente se tivesse esse exemplo em casa.

PARTINDO DE TAREFAS SIMPLES PARA CHEGAR EM RESULTADOS EXTRAORDINÁRIOS

Não saber o que é mais importante mata o foco de todos nós, mas agora você sabe. Você entendeu que no mês de ajustar suas finanças não adianta gastar com lazer, não adianta fazer matrícula para aquele mega curso de idiomas. Sua energia já está direcionada. Nada, absolutamente nada do que conversamos aqui vai funcionar se você não tem claro o que quer e quais são as fases para chegar lá. Não adianta dormir bem, não adianta hackear a sua atenção com técnicas de foco que estamos ensinando (sim, vem mais por aí!). Técnicas de administração de tempo são mera maquiagem para quem não tem metas e uma imagem do que quer em alta definição.

O fluxo do foco é assim:

PROPÓSITO -> OBJETIVO -> AÇÕES

Planejamento não é perda de tempo, é otimização!

O MITO DO MULTITAREFA

Precisamos falar sobre isso. Existe uma chance de você se empolgar tanto com o seu planejamento diário que pode decidir ser muito mais produtivo ainda e fazer muitas coisas ao mesmo tempo! Você vai querer gastar toda a sua energia e provar para si mesmo que pode ser multitarefa. Que pode responder e-mails no celular enquanto faz compras e olha seu filho na seção de hortifruti. Já vou adiantando: o resultado dessa cena é esquecer um monte de coisas da lista, precisando voltar depois, e-mails respondidos sem você perceber que estavam incompletos ou cheios de grosseria, e uma criança perdida ou chorando porque tropeçou em uma ameixa que estava no chão e levou um tombo.

Nenhum ser humano é multitarefa. Chegue para qualquer mulher e a elogie por ser multitarefa e veja seus olhos rolarem para cima até entrarem para dentro da cabeça. Se você é mulher e está lendo isso sabe do que estou falando: absolutamente *ninguém* é multitarefa. As mães só respondem e-mail, amamentam e esperam o atendente da TV a cabo no viva-voz porque elas não têm opção. E isso custa foco, produtividade, alguns erros e anos de vida perdidos pelo estresse. O cérebro não é multitarefa, a ciência mostra que apenas 2.5% das pessoas é efetivamente multitarefa, o resto só tenta e falha miseravelmente[1], como estamos trabalhando com a vida real aqui e não com exceções, vamos assumir que não somos esses 2,5%.

Você pode no máximo fazer duas coisas ao mesmo tempo se uma delas for relativamente automática e a outra não exigir nada de você em termos de complexidade. Por exemplo: lavar louça e ouvir um podcast. Você automaticamente sabe lavar louça, é um ritual que se repete muito ao longo dos anos, é como se suas mãos se mexessem sozinhas. E não precisa reagir ao podcast, inclusive, pode se distrair em um segundo ou outro, não significaria uma perda de informação grave. Outro exemplo é cortar as unhas vendo televisão: você consegue cortar a unha sem pensar, e pode apenas escutar a televisão, dependendo do programa, espiando às vezes. Cozinhar enquanto conversa: aí já depende da receita, não é mesmo? Mas quantas vezes você já não deixou um bolo ir pro forno sem fermento porque estava falando com alguém ou pensando em outra coisa?

Quebre internamente o mito do multitarefa, porque ele também tem a ver com a ansiedade e o FOMO. Fazendo uma coisa por vez você vê resultados mais completos e começa a ter muito

---

1 *Why Multitasking Doesn't Work.* Disponível em: <https://health.clevelandclinic.org/science-clear-multitasking-doesnt-work/>. Acesso em: 13 abr. 2021.

mais tempo do que imaginava ser possível para alguém que está agindo com tanta calma. Sua vida vai melhorar, seus níveis de estresse vão baixar e seu plano de vida continuará seguindo. Um dia por vez. Uma semana por vez.

FOQUE NISTO

Para quem não sabe onde quer chegar qualquer caminho serve.
Medite sobre a sua vida ideal.
Tenha um plano a médio prazo.
Faça um plano anual.
Revise todos os meses o seu plano anual.
Faça uma revisão semanal do seu foco do mês, e transforme esse momento em uma hora prazerosa com um café ou o seu drink preferido.
Não caia na armadilha de multitarefar, não é possível!

A coragem de ir atrás do seu ÚNICO propósito: lidando com o medo de fracassar

"Somente se reconhece um guerreiro que participou de muitas batalhas pelas cicatrizes que carrega no corpo. Pare de colecionar troféus; vá em busca de novas cicatrizes e aprenda com elas."

A HORA DO PESADELO

Todos os seres humanos sentem medo e, em geral, nós não temos problema em assumir medos que são simples e comuns – medo de altura, medo de barata, medo dos boletos no final do mês – mas os medos que realmente tiram o seu foco são mais constrangedores do que isso. O medo tira o seu foco tanto para as coisas grandes quanto para as pequenas. E em geral quando uma pessoa tem um propósito claro e sabe a única coisa que precisa fazer no dia, na semana e no ano, mas mesmo assim procrastina, pode apostar que isso tem um motivo: medo.

Você já passou por isso, por exemplo, quando sabe que tem uma ligação importante para fazer naquele dia, ou uma entrega no trabalho, que mesmo que você não faça mais nada, aquilo precisa ser feito. E vamos escolher a hipótese da ligação. É uma ligação para um cliente difícil, mas que representa a maior parte do seu faturamento, na verdade, é a ligação que falta para bater a meta do mês, mas toda vez você sente uma onda de ansiedade só de lidar com esse cliente. É a uma coisa que você não pode ficar sem fazer. E você olha para o relógio e pensa "vou pegar um café antes para me preparar". Depois do café pensa em olhar suas mensagens para ir se acostumando com a ideia dessa tarefa tão importante que gera ansiedade só de pensar. O quanto complexa uma ligação pode ser? É só pegar o telefone, pedir para falar com o responsável, se apresentar, você faz isso todo mês! Mas você decide responder alguns e-mails antes. Uma hora passa, duas, três. Você pensa que pode fazer a ligação depois do almoço. E almoça pensando nisso e se sentindo mal por ainda não ter feito. E na volta precisa parar para tomar um café antes de pegar no telefone.

Todos nós já passamos por isso, e o medo está impresso em cada momento de evitar o enfrentamento da sua tarefa mais importante. Daquilo que vai fazer a diferença para você realizar seu objetivo. É a única coisa que você precisa fazer, mas o desconhecido assombra: e se a pessoa reagir mal? E se baterem o telefone na minha cara? E se eu não conseguir esse contrato? E se for humilhado e escorraçado nessa ligação para um cliente ou parceiro? Depois que finalmente ligamos – muitas vezes a pessoa responsável nem está disponível e fica de retornar – nos sentimos ridículos por ter protelado tanto. A realidade é sempre muito mais leve do que o teatro que criamos nas nossas cabeças. O medo nos faz ridículos e funciona como os bichos de sombras que projetamos na parede com a mão para distrair as crianças, ele amplia e distorce a realidade.

O MEDO DO FRACASSO UNE A TODOS NÓS

Medo do fracasso é uma parte maior da vida do que qualquer pessoa gostaria de admitir. Para ter ideia, o monitor mundial de empreendedorismo Global Entrepreneurship revelou que, no ano de 2019, 35% dos empreendedores brasileiros afirmaram que, mesmo enxergando oportunidades, o medo do fracasso os impedia de fazer e investir mais em seus negócios ou em novos negócios. Enquanto isso, a rede social Linkagoal mostrou em matéria ao LA Times que o medo do fracasso é o motivo número Um para os norte-americanos não estabelecerem metas para o futuro. O medo pode ser tão forte que paralisa até a nossa imaginação.

A humanidade gasta uma quantidade considerável de tempo pensando em tudo o que pode dar errado, e, apesar de o medo ser uma resposta normal da nossa mente que visa preservar a nossa vida, quando se trata de situações hipotéticas em geral nós estamos projetando muito mais do que realmente pode acontecer. Esses dois dados lidam com os medos de fracasso dos empreendedores, e o que esses medos são, na prática? O empreendedor que tem medo do fracasso pensa que no pior cenário ele fará uma dívida que nunca poderá pagar, que ficará sem seus bens e se tornará assunto entre os amigos e conhecidos como o cara que "estava na cara que não ia dar certo". Mas ele não estende esse raciocínio para o próximo passo: e depois? Muita gente já se endividou e faliu, mas e depois? O que acontece com quem fracassa?

Existe um caso muito interessante no Brasil, o empresário Geraldo Rufino já chegou no pior cenário nada menos do que seis vezes. Ele ficou conhecido como o ex-catador de latinhas que já quebrou seis vezes e hoje ostenta um faturamento de mais de 50 milhões por ano com a empresa JR Diesel – que revende peças de caminhão e conseguiu, entre outros feitos, estabelecer o desmanche legal no país e ainda aprovar uma lei para regularizar a prática. Criado na favela do Sapé, em São Paulo, Rufino teve diversos negócios e conta que em uma das vezes que quebrou, em 1985, ficou devendo mais de 16 milhões de reais (que na época era uma fortuna ainda maior do que é agora!).[1] Ele descreve em seus livros e em entrevistas que membros da família até ofereciam casas e os poucos bens que tinham na intenção de ajudar, mas ele não sabia nem como explicar para essas pessoas que o buraco era muito mais embaixo. Como qualquer pessoa endividada, ele precisou de uma boa dose de gestão emocional, mas sobreviveu e enfrentou o "e depois?" do fracasso. Ele conta que ia conversar com cada credor e explicar que não poderia pagar, buscava crédito, buscava investidores, incansavelmente, e nesse meio tempo perdeu muita coisa, teve a luz cortada, entre outros. Rufino se reergueu sempre tendo como exemplo sua mãe, que morreu quando ele ainda era uma criança, mas deixou o exemplo de sempre aproveitar ao máximo tudo o que aparecesse pela frente e mesmo pobre e recolhendo restos de comida na feira, ainda distribuía entre os vizinhos.

O que ele nos ensina é que o fracasso não mata se você não deixar que ele te mate. Ele traz visão de mundo, sabedoria e constrói uma base sólida para o que você for fazer em seguida. Uma pessoa que enriquece sem ter fracassado antes só pode ser um herdeiro, convenhamos, e nós sabemos o histórico de herdeiros administrando riquezas, está comprovado que 70% das famílias ricas perdem a fortuna na segunda geração.[2]

---

1 VEIGA, Patrícia T. *Geraldo Rufino: empreendedor que quebrou 6 vezes dá lições de resiliência*. Disponível em: <https://revistapegn.globo.com/Feira-do-Empreendedor-2020/noticia/2020/11/geraldo-rufino-empreendedor-que-quebrou-6-vezes-da-licoes-de--resiliencia.html>. Acesso em: 10 maio 2021.

2 TAYLOR, Chris. *70% of Rich Families Lose Their Wealth by the Second Generation*. Disponível em: <https://time.com/3925308/rich-families-lose-wealth/>. Acesso em: 20 abr. 2021.

Agora, tem gente que deixa o fracasso levar a melhor. A cantora mundialmente famosa Barbra Streisand estava no início da carreira em 1967 quando participou de um show gratuito no Central Park, em Nova York. Ela esqueceu a letra da canção "People" e entrou em um pânico tão grande que recusou fazer performances ao vivo por 27 anos depois disso. O mundo perdeu muito tempo de Streisand cantando ao vivo, mas eu garanto que quem perdeu mais foi ela, que poderia ter superado o episódio muito antes e vivenciado turnês inesquecíveis para a sua carreira.

Existe até uma fobia que designa as pessoas que possuem um medo patológico de fracassar. Kakorrhaphiophobia é um medo anormal, persistente e irracional do fracasso. Em casos clínicos, é debilitante: o medo até mesmo do fracasso ou derrota mais sutil é tão intenso que impede a pessoa de fazer qualquer coisa.[3] A psicoterapia nestes casos ajuda a pessoa a lidar com uma das verdades mais incômodas da existência: o fracasso é inevitável para quem quer fazer coisas, qualquer coisa. Só não fracassa quem não faz nada, e mais do que isso, o fracasso é parte do seu MBA do sucesso, por assim dizer. É o fracasso que apara as arestas da arrogância e da falta de contato com a realidade, ele sempre nos traz de volta para a nossa condição humana: ignorantes, pequenos e irrelevantes.

E é por isso que tememos tanto fracassar, porque vamos passar vergonha e ser lembrados de que ainda somos reles mortais, grãos de areia insignificantes no universo. E a verdade é que nem passamos tanta vergonha assim, porque as pessoas estão preocupadas

---

3   KAUFMAN, Josh. *Kakorrhaphiophobia: Persistent, All-Consuming Fear of Failure.* Disponível em: <https://joshkaufman.net/fear-of-failure/>. Acesso em: 15 abr. 2021.

demais com as suas vidas para ficarem pensando na nossa. Somos o assunto de um dia e no dia seguinte as pessoas já estarão falando de outro fracasso, pode acreditar.

Abrace a realidade de que você vai fracassar. Você não *pode fracassar*, você *vai*. Invariavelmente. E isso é da vida, assim como você vai sentir fome e vai sentir sono, o fracasso sempre bate à porta em maior ou menor escala e estar preparado para ele sem surtar e sem achar que é o fim de tudo é o grande segredo das pessoas que dão a volta por cima para sonhos maiores – porque agora elas estão aptas a sonhar maior. Desapegue da necessidade de ser perfeito, você não está mais na escola para buscar a nota 10. Dá para passar de ano tirando 6, o importante é aparecer para a prova. Fique sempre com o lema "feito é melhor do que perfeito". Deixe os dias de aluno nota 10 para trás, assim como a pecha de pior da turma.

A CORAGEM DE ASSUMIR OS OBJETIVOS

Um objetivo importante é aquele que, quando entendemos que queremos atingir, nos dá a sensação de estarmos apaixonados. As clássicas borboletas no estômago, o arrepio de leve, o sentimento de ansiedade de véspera de excursão na escola. Para chegar a essa sensação é, na maioria das vezes, necessário se despir das barreiras psicológicas que o medo traz. Sempre que pensamos em um objetivo importante começam as mesmas dúvidas. E se os outros acharem que não sou muito bom? E se eu me envergonhar? E se eu achar que sou bom nisso, mas na verdade sou péssimo e vou desperdiçar anos de vida?

Digamos que seu maior objetivo seja se formar em medicina – o que significa estudar e desenvolver um conjunto de habilidades por mais de 10 anos, muitas provas e muitos momentos de autoquestionamento. É normal pensar que a profissão é muito bonita... mas e se eu não conseguir passar nas provas? E se na verdade eu for muito menos inteligente do que acredito ser? E se eu desmaiar quando abrir o primeiro paciente em uma mesa de cirurgia?

Bom, eu posso já tranquilizar todos os futuros médicos lendo esse livro: no começo, todo mundo vai ser bem ruim no que faz. É por isso que existem supervisores e professores, porque vocês serão tão ruins que não será possível deixá-los sozinhos com os pacientes. Todo mundo que desenvolve qualquer nível de habilidade em qualquer coisa passou por um período em que não era muito bom. É uma parte inevitável do processo. As pessoas que persistem durante esse período e continuam praticando de maneira inteligente são as que desenvolvem habilidades impressionantes.

Quanto tempo dura esse período? Depende do que você está fazendo, do quanto você pratica e de qual é a sua estratégia de desenvolvimento (e nos próximos capítulos vamos focar mais em estratégias). O medo do fracasso é, em último caso, o medo do desconhecido. Fazer coisas novas nos tira da zona de conforto e nos leva a um paradoxo: o medo do sucesso, que, para algumas pessoas, pode ser tão paralisante quanto do fracasso.

Parece absurdo, mas uma grande quantidade de pessoas se autossabota e isso reflete diretamente na capacidade de focar. A autossabotagem tem como fundo o medo do sucesso, e existe por alguns motivos: sucesso significa mudança, você vai mudar, a forma como é visto, suas relações, seu orçamento muitas vezes vai mudar, e às vezes não estamos psicologicamente preparados para isso. Muitas vezes o sucesso pode significar se tornar mais bem-sucedido que seus pais e sua família, e em um nível inconsciente você se sentirá traindo quem mais ama. O sucesso é um mundo mais desconhecido do que o fracasso, e isso pode ser assustador. Quando se pegar procrastinando, pare por um minuto, respire fundo e se pergunte: isso é medo de fracassar ou medo de conseguir? Você pode se surpreender com a resposta.

DECIDIR É SE EXPOR

E por que falei tanto de medo? Porque o medo é o principal motivo para alguém não tomar a decisão de agir pelo próprio sonho. De não conseguir sequer decidir o que quer da vida. Não adianta esperarmos o momento que parece ser "à prova de fracasso" porque essa hora nunca vai chegar, é mais prático encarar o medo mesmo. A terapeuta e psicóloga Marisa Peer se tornou uma celebridade no Reino Unido e nos Estados Unidos ao desenvolver uma técnica para destravar a autossabotagem das pessoas que vai ao encontro de tudo que estamos falando aqui. Ao observar os comportamentos de pessoas que não conseguem abandonar vícios e compulsões, assim como procrastinadores crônicos, ela começou a perceber que eles tinham uma crença em comum que estava no fundo de todos esses comportamentos, que poderia ser resumida em uma única frase: "eu não sou o suficiente"[4].

O que a Dra. Peer entendeu é que tanto quem tem medo do fracasso ou do sucesso em geral está falando isso para si mesmo: eu

---

4 PEER, Marisa. *I Am Enough: A Simple Daily Habit to Change Your Life*. Disponível em: <https://marisapeer.com/i-am-enough-marisa-peer/>. Acesso em: 13 maio 2021.

não sou o suficiente para merecer esse resultado. E assim as pessoas repetem inconscientemente: eu não sou o suficiente para ter aquele corpo, para estar naquela casa, para viver esse relacionamento, para conseguir passar nessa prova, para entregar todo esse trabalho e dormir mais cedo... E como não sou o suficiente, melhor nem tentar, melhor pegar um café antes de fazer aquela ligação, já que não vai acontecer mesmo. E assim o foco se perde, mostrando que muitas vezes o problema não é a falta de listas ou de saber o que deve ser feito. É não fazer por não acreditar que merecemos o resultado bom que nosso raciocínio já apontou que virá.

A verdade é que, por conta da nossa socialização, em algum momento todos nós passamos a acreditar que não somos o suficiente. E precisamos ativamente lutar contra essa sensação, que é ilógica e falha. A Dra. Peer sugere fazer o exercício de se olhar no espelho algumas vezes por dia, colocar a mão sobre o peito e se olhar nos olhos repetindo "eu sou o suficiente". Ela diz que as afirmações positivas têm um efeito profundo na nossa mente, e são o melhor começo para derreter a calota polar que formamos sobre os nossos sonhos, é o primeiro passo para construir a coragem de perseguir estes sonhos.

A coragem de assumir o que queremos e trabalhar por isso é algo admirável, até porque o resultado nunca vem imediatamente. Como diria o poeta Robert Frost, "the only way out is through", algo como: a única saída é através de. Não dá para pegar um atalho pelos lados, você vai ter que ir pelo meio e fazer o trabalho que ninguém vê pelo seu sonho. Só é possível chegar no resultado passando pelo processo, e o processo nunca tem benefícios imediatos.

Pense em uma pessoa que quer muito emagrecer e começa a fazer dieta. Ela pensa nos prazeres que tem atualmente, nas coisas que gosta de comer e como adora aquele pedaço de bolo, entre outros. E daí contrapõe aos exames que recebeu, que alertam para o consumo de doces, a falta de fôlego e para o tamanho da cintura associado ao risco de parada cardíaca. E decide começar uma reeducação alimentar. O começo é muito frustrante. Porque você perdeu os prazeres pré-dieta e ainda não ganhou os prazeres pós--dieta. Você perdeu o bolo e ainda não ganhou fôlego! Precisa ainda falar o tempo todo durante jantares e encontros sociais que não está comendo e nem bebendo o que comia e bebia antes porque agora tem esse objetivo e as pessoas muitas vezes não reagem bem. Insistem que você quebre a dieta, fazem piada com o seu objetivo, falam que isso nunca funciona... Mas só a consistência vai dizer se aquilo vai funcionar e vai "liberar" a fase boa dessa dieta, o benefício não vem imediatamente. Antes disso, você precisa passar pelo processo.

Assuma seu propósito e tenha a coragem de passar pelo processo. A vista é linda do outro lado.

FOQUE NISTO

Você já se pegou procrastinando a única coisa importante do dia? Como se sentiu?
Medo do fracasso é comum, todos nós temos medo do desconhecido.
Ainda comum pode ser o medo do sucesso. Você já se perguntou se tem medo das mudanças que o sucesso traz?
Todo resultado vem depois de alguns fracassos e um processo.
Repita para si mesmo quantas vezes for preciso: Eu sou o suficiente. Eu mereço o meu propósito/objetivo.

6
Colocando em prática o seu ÚNICO propósito

"De nada adianta toda a teoria do mundo se esta ficar somente no mundo das ideias."

Ok, você está inspirado depois do capítulo 5. Eu espero que esteja, afinal, sair do medo do fracasso (e do sucesso) não é pouca coisa. Você passou a maior parte dessa vida cultivando essas inseguranças com todo cuidado. Mas agora, do auge da sua motivação pode estar se perguntando "ok, como eu passo pelo processo? Eu tenho meu propósito, meu plano de vida, eu entendi a procrastinação". E agora? Como atravessar para o outro lado, no qual você é realizado e diligente, e consegue cumprir tudo que se propõe?

O "processo" exige conhecimento também, você precisa aprender todos aqueles truques que não funcionam para quem não tem propósito e ainda está com medo de fracassar. Você tem propósito (ou está no caminho de ter). O medo está indo embora. Este é o seu momento.

Quando você tem em mãos seu plano de vida, seu planejamento mensal, precisa trabalhar todas as semanas na sua lista de prioridades e replicar isso dia por dia. Vou sugerir que você deixe para fazer a sua lista da semana sempre num momento já de relaxamento – no final do dia na sexta. A cabeça já está começando a sair do modo de trabalho, sente para planejar sua semana que vem.

Não deixe para segunda de manhã quando você está ansioso e com medo da primeira reunião do dia. Nada disso.

Todas as sextas, antes de abrir aquela esperada cerveja, você vai se sentar com o seu planner ou caderno, e escrever os objetivos e pendências da próxima semana. Essa lista será visitada todos os dias pela manhã, quando você vai fazer uma lista das tarefas do dia, em ordem de prioridade. E é agora que começa o truque.

USE O PRINCÍPIO DE PARETO

Tudo começa com o economista e sociólogo italiano Vilfredo Pareto (1848-1923) que, durante um de seus trabalhos, observou que 80% das terras na Itália pertenciam a 20% da população. Ao investigar outros países, ele encontrou a mesma distribuição desigual de renda e riqueza em cada um e percebeu que havia algo nesse padrão que valeria pesquisar mais. Pareto publicou suas observações e fórmulas matemáticas que descreveram suas descobertas[1]. Após a publicação, pesquisadores de outras áreas começaram a encontrar a mesma distribuição desigual em suas áreas, consolidando assim o Princípio de Pareto: 20% dos esforços gera 80% do resultado, enquanto 80% dos esforços gera apenas 20% do resultado. Parece difícil reduzindo o conceito assim, mas é super simples.

Pelo princípio de Pareto, por exemplo, existe um padrão de 20% dos produtos de uma loja corresponderem a 80% do faturamento. Assim como 20% dos seus clientes gera 80% da sua renda. Ao longo dos anos e na aplicação dentro das empresas, os gerentes

---

1   PARETO, Vilfredo. *Cours d'Économie Politique Professé a l'Université de Lausanne.* Vol. I, 1896; Vol. II, 1897.

de projeto puderam confirmar que 20% do trabalho consome 80% do seu tempo e recursos; geralmente são os primeiros e os últimos 10% do escopo geral do projeto, por exemplo. Ele nos revela que o importante é ter foco na solução de um problema no qual você produz o maior impacto com o mínimo de esforço.

E o que isso tem a ver com o seu foco? Com todos os planos a longo e médio prazo que montamos até aqui? É que de acordo com a regra 80/20, apenas cerca de 20% de suas atividades devem ser prioridade naquele dia. Essas atividades serão responsáveis pela maioria dos resultados (cerca de 80%) no caminho para alcançar o seu propósito ou objetivo. Devemos gastar mais tempo, esforço e energia nessas atividades críticas. Isso também significa que cerca de 80% de suas atividades respondem por apenas 20% de seus resultados e elas precisam ser revistas ou repassadas para alguém ou para algum recurso tecnológico que agilize essas atividades.

Voltamos à sua segunda-feira de manhã, você está com um café na mão e abriu seu planner. Ali está a lista feita na sexta-feira com tudo o que precisa ser feito na semana. Prepare a lista da segunda-feira, o que você precisa fazer antes de encerrar aquele dia? E agora circule os itens que são os 20% mais importantes. Fez isso?

Agora você vai reescrever essa lista, começando por esses 20%. Depois disso, vai olhar para a lista antiga, sobrou 80% ali. Corte pela metade. Não me olhe com essa cara de quem está implorando para ter só mais uma tarefinha. Só 40% vai para o seu dia, você pode estar pensando "ah, mas aí eu vou ter tempo sobrando, não vou fazer tudo" e todas as desculpas que você já se acostumou a dar. Existe uma certa tranquilidade emocional em uma check-list cheia, uma afirmação de que você é útil, que vai dar conta, entre outras coisas. Mas você não pode ter a check-list cheia, porque antes do almoço mesmo na segunda você vai receber imprevistos de chefes, clientes e fornecedores.

E assim, vá aplicando o princípio de Pareto todos os dias na sua check-list. Não tenha preguiça de reescrevê-la. O importante é colocar tudo e depois aprender a filtrar. O exercício de enxergar os 20% que fazem acontecer 80% do resultado vai treinar a sua percepção para a vida. Você vai ficar tão afiado que vai conseguir aplicar a regra de Pareto na sua lista de supermercado, na mala de viagem, numa DR com o companheiro. Você vai saber enxergar seus 20% de efetividade em tudo, e vai terminar a semana fazendo muito mais do que aquela primeira lista completa da segunda-feira de manhã. A verdade é que aquela lista era apenas uma lista de desejos confusa, que contava com uma capacidade milagrosa de fazer o tempo se multiplicar. E todos nós fazemos isso sem nos dar conta de que a produtividade só acontece mesmo quando focamos em uma coisa de cada vez – e se for a mais importante, isso significa que mesmo que algo fique para o dia seguinte, você conseguiu aproveitar seu dia com o que realmente importa.

ESTABELEÇA PEQUENAS METAS

Um desdobramento desse princípio tem a ver com passar a olhar para as suas metas e entender se elas estão grandes demais – se não seria melhor quebrá-las em partes, e entender quais partes são os 20% que vão trazer os 80%.

Eu explico, embora seja ótimo ter metas enormes e uma grande visão para si mesmo e o que você deseja alcançar, isso não pode ser alcançado em um dia de trabalho. Pequenos objetivos diários não apenas o prepararão para seus objetivos de longo prazo, mas também serão muito mais digeríveis para a mente.

Imagine começar no trabalho no primeiro dia e o chefe avisar que sua meta é de dobrar a carteira de clientes. Você provavelmente vai ficar com as pernas moles e não conseguir sequer fazer uma ligação. Agora se você entende que precisa dobrar a carteira de clientes até o final do ano, e para isso você precisa conseguir um novo cliente a cada 20 dias... fica mais fácil de digerir, não é mesmo? Dá para planejar a prospecção, os contatos, as visitas. Você respira fundo e faz um planejamento por mês, por semana, por dia. O mesmo é com suas metas e suas tarefas.

Passar no mestrado naquela faculdade dos seus sonhos é uma meta gigante... que começa com pesquisar quais são as disciplinas oferecidas na pós-graduação por essa faculdade. Isso provavelmente é a coisa mais efetiva que você pode fazer assim que decidiu que tem esse objetivo. E depois que souber as disciplinas, pode pesquisar quem são os professores que estão nessas disciplinas. E qual deles seria o orientador ideal. Se inscrever para uma disciplina que esse professor ministra para conhecê-lo melhor e entrar em contato com a bibliografia que ele trabalha com seus alunos e orientandos. Pesquisar fontes para o projeto. Pequenos objetivos. Quando você menos esperar, todos os pequenos objetivos do Grande Projeto Mestrado vão terminar com o seu nome naquela preciosa lista. E daí vai ser o momento de quebrar o mestrado em diversas outras pequenas tarefas. Pequenas tarefas são mais fáceis de cumprir e sempre são pedaços de um plano maior... e o prazer que sentimos ao superá-las não tem nada de pequeno!

Então, ao fazer a lista, entenda os 20% mais impactantes de cada meta e qual é a primeira *mini* tarefa que você pode fazer agora para colocar isso para andar.

MONITORE E REGISTRE

Outro truque – e esse vai especialmente para quem já estava desanimado porque sabe que quando faz muitas listas eventualmente vai só desanimar de tudo e deixar a coisa degringolar. Você pode se acompanhar de hora em hora. Escreva suas mini-tarefas críticas a cada hora em post-its ou acompanhe pelo próprio caderno e vá matando pequenos pedaços do dia por vez. Uma das melhores maneiras de manter o cérebro focado porque você se estimula constantemente com pequenas vitórias e ainda pode cronometrar quanto tempo leva até a conclusão das suas tarefas do dia, deixando sua percepção mais afiada a cada dia que passa. Toda a manutenção de foco passa pelo mesmo princípio: quanto mais consciência você tem do seu tempo, seu rendimento e sua atividade, mais motivado você fica e mais "filtrador" se torna. Ao escrever suas tarefas a cada hora, você irá reorientar seu cérebro para os projetos mais importantes e seu foco não se perde.

Ao lado de cada tarefa que você cumpriu, coloque o horário em que começou e o que terminou. E anote do lado da sua check-list seus momentos de perder tempo também. Ficou 10 minutos entre as reuniões percorrendo o Instagram? Registre. Você passou a manhã inteira atendendo chamadas de clientes? Registre. Estourou um cano e sua cozinha inundou? Registre. No final do dia faça a conta, quanto tempo você gasta trabalhando, respondendo mensagens, se distraindo, comendo, cozinhando. Depois de alguns dias controlando seu tempo, você terá um esboço de para onde seu tempo está indo. Se você fizer seu inventário de tempo usando algum app para isso – para tudo tem um app – poderá realmente visualizar para onde seu tempo está indo por meio de gráficos. E depois de ter isso torna-se muito mais fácil identificar o que é tempo bem gasto (os 20%) – e o que é tempo desperdiçado (os 80%).

A ÚNICA COISA DO DIA

Quando você tem muito o que fazer e muito pouco tempo para tudo, naturalmente fica sobrecarregado e estressado. Quando essa opressão pela quantidade das tarefas aparece, o estresse vai lá em cima e costumamos experimentar tanta desordem mental que fica difícil se concentrar nas prioridades e tarefas. Você se distrairá e desistirá muito mais facilmente, já que está lutando uma batalha difícil.

Conforme você se despede da lógica de acumulação de tarefas, vai se tornar mais leve, menos ansioso e seu foco vai ficar cada vez mais fácil de manter. A verdade é que é um desperdício de energia muito grande ter uma check-list imensa – mesmo se seu plano de vida for faraônico –, a sua mente não vai aguentar pensar todos os dias no tamanho dos seus objetivos e como eles são trabalhosos. Você vai fazer só aquilo que dá mais resultado, e vai viver uma tarefa de cada vez.

E se, de início, achar que é muito difícil separar os 20% da lista, não pare de se perguntar o que é mais relevante até chegar na essência do seu dia. Até você ter todos os dias a tarefa Um da lista. Já deu para perceber que sou fã do livro *A única coisa*, não? O que os autores Gary Keller e Jay Papasan trazem é a noção de que muitas vezes estamos perdidos olhando para mil tarefas e papéis sociais que temos de cumprir, quando na verdade precisamos treinar a nossa mente para entender o que precisa ser feito. Só uma coisa. E de uma em uma coisa, tudo acontece.

Temos livros inteiros sobre como filtrar prioridades porque a sociedade moderna nos desorganizou, com excesso de informação e de decisões complexas todos os dias. Nós achamos muito difícil olhar para nossas vidas, para nosso propósito, e entender nosso maior sonho. Ou o que é nosso talento natural, nosso papel no mundo. E num âmbito ainda mais específico, achamos muito mais difícil saber qual é a única coisa que precisamos cumprir naquele dia para que nossos planos continuem se concretizando. E para desfazer esse estrago é preciso mesmo gastar um tempo para voltar a mente para o modo selecionador, priorizador, que, uma vez que se torne automático, vai responder instintivamente qual é a única coisa. Quais são os 20% de tarefas que vão corresponder pela realização do dia. É necessário recolher informação, analisar, separar, priorizar e repetir. O tempo todo. E vale a pena.

Quando você estiver com os 20% mais importantes no topo da lista, leia de novo e se pergunte qual é a única atividade que precisa ser feita. E faça dela a atividade central, topo da lista. Você não pode atender o telefone, se distrair, não pode parar e fazer outra coisa até terminar essa. Como já conversamos alguns capítulos antes: exercite seu poder de dizer não.

APRENDA A DESAPEGAR DAQUILO QUE NÃO RENDE

Viemos até aqui conversando sobre os 20% mais preciosos do seu dia, que precisam ser priorizados. Mas após registrar quanto tempo você gasta nas tarefas do dia, você vai perceber também o que consome tempo e gera um resultado muito pequeno. Qualquer coisa no seu dia consumindo 80% de seu tempo, energia ou recursos, e produzindo 20% de seus resultados (como um cliente difícil, uma casa complicada de limpar, bate-voltas eternos de e-mail marcando reuniões), livre-se disso! Pague alguém para fazer, dispense o cliente, invista num aspirador-robô, contrate uma secretária online que trabalhe algumas horas por dia só para cuidar da sua agenda de reuniões. Faça as contas, você vai ver que rende muito mais dinheiro investir nessa ajuda e usar seu tempo para gerar aqueles 80% de resultado que você veio perdendo até aqui. Gastar tempo e energia nessas tarefas não só destrói sua produtividade, mas traz esgotamento e faz com que você esteja sempre desfocado no que precisa ser feito.

Monitorar, registrar e refletir sobre suas ações sob a luz do princípio de Pareto vai revelar seus gargalos de foco de forma impressionante. Tome uma ação sobre tudo o que gasta 80% da sua energia, da sua alegria ou do seu tempo e retorna apenas 20% de resultado. O princípio de Pareto é uma ferramenta extremamente poderosa para transformar o seu foco e, como já disse, ele não serve apenas para sua check-list do dia. Aplique na vida toda. Que 20% do seu dia está produzindo 80% da sua alegria? Que 20% de suas atividades estão produzindo 80% de sua energia? Que 20% de seus amigos e familiares estão produzindo 80% do amor e do apoio em sua vida? Entenda o que realmente importa.

FOQUE NISTO

Todas as semanas repasse seu planejamento semanal – de preferência numa sexta-feira no final da tarde, antes de "fechar a lojinha".

Todos os dias pela manhã, repasse o planejamento semanal para fazer sua check-list diária.

Selecione os 20% de tarefas mais importantes no seu dia e coloque-as primeiro.

Nesses 20%, entenda qual é a uma tarefa mais importante de todas, que você vai atacar imediatamente.

Pegue os 80% que sobrou e transfira apenas metade para a lista do dia.

Registre quanto tempo você gasta em cada coisa e perceba para onde está indo o seu tempo (e seu foco).

Busque se livrar do que consome 80% de tempo ou energia e só traz 20% de resultados.

Aprendendo a acelerar o CRESCIMENTO: novas

7

habilidades

"A vida não se baseia somente em grandes realizações. Na verdade, elas são a minoria! As pequenas ações, ao longo dos tempos, são as que constroem a sua trajetória. Aprenda a celebrar as pequenas conquistas também."

Lembro quando eu era mais jovem (não vou dar datas pelo meu próprio bem) e o mercado de impressos estava inundado de revistas de dieta com truques de saúde como "se você deixar para comer o doce às 17h, seu organismo metaboliza melhor e você não engorda tanto". Tudo sobre o corpo tinha uma forma de "hackear" no modismo da época. Assim que me propus a escrever esse livro comecei a me perguntar: o que será que é o doce no fim da tarde do foco? Existe alguma forma de adaptar as demandas malucas que nós temos todos os dias ao funcionamento do nosso corpo? Ou "otimizar" o corpo para ser mais focado?

Pesquisando sobre isso, separei as informações mais interessantes que encontrei e as que testei aqui para você, mas sempre endosso: cada um de nós tem um corpo e um ritmo de funcionamento. Alimentos que são bons para "todo mundo" muitas vezes podem causar uma reação alérgica em você, assim como hábitos que "todo mundo" ama podem ser destrutivos em um contexto específico. Pegue essas dicas e analise o que serve para você, tudo passa pela sua análise pessoal.

RASTREIE O QUE FAZ VOCÊ PERDER O FOCO

Sim, no final tudo parece um grande exercício de meditação, mas a questão é que a nossa sociedade perdeu o controle dos pensamentos. Repare que praticamente todos os gurus de finanças, dieta, organização dizem a mesma coisa: anote tudo que você faz/come/compra. Sabe por quê? Nós estamos viciados em fazer coisas automaticamente, enquanto a nossa atenção está em outro lugar. Por isso não sabemos o que comemos, compramos e sequer o que fazemos se não pararmos para anotar.

Nós estamos tão desgovernados que entregamos a nossa atenção e o nosso emocional para empresas que lucram com as nossas reações a estímulos. Você sabe de quem estou falando. Aqueles ícones coloridos e divertidos na tela do celular. Já falamos ao longo deste livro sobre redes sociais, principalmente na hora de citar ladrões de foco e distrações preferidas. Mas acredito que valha a pena a gente conversar mais sério sobre isso.

No documentário *O dilema das redes*, dirigido por Jeff Orlowski, foram entrevistados engenheiros e altos executivos das gigantes das redes sociais como Google, Instagram, Facebook, Youtube, Pinterest e Twitter e eles explicaram porque fazem parte de um movimento de debandada dessas empresas e das redes sociais como um todo. Os próprios criadores de ferramentas como o botão "curtir" do Facebook afirmam que essas redes são prejudiciais para as pessoas e para a sociedade como um todo. Vou deixar a parte mais assustadora, como manipulação dos hábitos de consumo e até das eleições, para você ver no documentário. Mas eu assisti a essa produção com o olhar da minha pesquisa e entendi uma verdade inegável: as redes sociais são ferramentas de sequestro de foco, que possuem equipes imensas de profissionais formados nas melhores faculdades do mundo, estudando todos os dias como eles podem roubar mais um pouco do seu foco.

As redes sociais foram criadas a partir de programação avançada aplicando conceitos de reforço positivo e doses de dopamina programadas para nos viciar nas notificações. É o mesmo mecanismo das máquinas de caça-níqueis, você rola a tela e sempre vem algo novo. O app carrega... e as novidades chegam! Cada curtida é um shot de dopamina (mais uma vez ela) e, quando você menos espera, já está há 1 hora entre olhar o WhatsApp, olhar o Instagram, olhar o Twitter e repetir. E esse ciclo vicioso não acontece naturalmente, foi para criá-lo que todos esses engenheiros superdotados planejaram suas reações milimetricamente para vender anúncios, estilo de vida, e formas de pensar e se comportar.

A realidade é que você não tem como lutar contra as redes sociais. Você é apenas uma pessoa enquanto as redes são conglomerados internacionais de tecnologia aplicada à mente humana, que ainda não possuem o mínimo necessário de regulamentação no âmbito público. Elas estão roubando sua produtividade, sua autoimagem, seu gosto pessoal, a forma que você vive, come e viaja e não existe nem onde denunciar. O melhor que você pode fazer pelo seu foco é restringir seu uso desses aplicativos, porque, na verdade, nós somos o produto que eles vendem para anunciantes. Enquanto isso acompanhamos viagens, hábitos de consumo e padrões de aparência que nada têm a ver com a realidade e ficamos cada vez mais infelizes e ansiosos. A gente está sempre se perguntando sem coragem de falar em voz alta: por que não estou no meio do mato como o instrutor de yoga sarado que sigo no Instagram? Talvez eu sentisse mais paz de espírito se estivesse assim como ele.

Por que não vou a restaurantes tanto quando a minha ex-colega de trabalho com quem não falo há 5 anos, mas acompanho todos os stories? Por que não posso tomar esse suplemento e mudar a minha vida, do jeito que a blogueira que acho engraçada mudou? Também quero ter essas pedras de quartzo para passar no rosto e me rejuvenescer... E essa é a parte leve, porque, como expliquei, não vamos entrar em polarização política e fake news neste livro.

A minha mensagem é: se você não controlar as redes sociais elas facilmente vão controlar você. Porque foram desenhadas para isso pelos negócios mais rentáveis do mundo e pelas mentes mais brilhantes dos últimos 20 anos. Então seguem algumas ações que você pode fazer para ser mais focado:

Compre um despertador barato

Você não precisa levar seu telefone para o quarto. Compre um despertador barato numa loja de 1,99 ou invista num rádio-relógio bonito e espelhado de led para te despertar pela manhã ouvindo música, mas faça alguma coisa para salvar o seu descanso dessa hiperestimulação. O seu quarto precisa ser uma área livre de telefones. Por mais gostoso que seja ficar rolando uma timeline antes de dormir (ainda mais se tiver tomada logo do lado da cama, hmmm, que delícia).

Ficar rolando a timeline é um hábito terrível para o seu sono, e também para o seu relacionamento se você dorme com mais alguém. Combine com a sua família que, pelo menos meia hora antes de dormir, vocês vão deixar todos os telefones guardados na sala ou onde for mais cômodo para vocês. No começo é difícil, mas depois fica libertador. Você pode ler algumas páginas de um livro antes de cair no sono, pode assistir a um seriado, pode namorar um pouquinho, pode acender um incenso e meditar, fazer um ritual gostoso de automassagem nos pés e algumas posturas relaxantes de yoga para soltar seus músculos antes de dormir.

Comprando um despertador você acaba de ganhar pelo menos meia hora acordado para cuidar de si mesmo e uma noite inteira de sono que vai impactar drasticamente no seu foco no dia seguinte. Com o bônus de nunca mais ser acordado com uma notificação besta de aplicativo de joguinho, ou uma mensagem de amiga que decidiu pintar o cabelo no meio da noite e agora está arrependida (de algumas coisas é melhor a gente participar depois que elas acontecem).

Desligue todas as notificações

A não ser que você tenha alguém sob sua responsabilidade como um filho ou um idoso que não mora com você, não tem porque ter notificações no telefone. E mesmo nesses casos, você pode combinar com as instituições e com as pessoas pelas quais você é responsável, que no caso de urgências, é para telefonar (eu aqui sempre insistindo para você falar ao telefone).

Notificações são como pequenos duendes te chacoalhando no meio do trabalho, lembre-se sempre: nada no seu telefone foi inventado casualmente ou por acidente. Notificações sempre estão ali para fazer você voltar a sua atenção para o aplicativo, e, quanto mais você ignorar, mais agressivas elas vão ficar. Vão te chamar a atenção para descontos, marcações em fotos, para postagens de pessoas com as quais você interage mais. Elas vão jogar sujo pela sua atenção. Mas o seu tempo e o seu foco são o maior tesouro que você tem, e são limitados, não entregue de graça.

Faça períodos offline de 1 hora

E depois passe para duas horas. Coloque seu celular em modo avião, e se o seu trabalho é do tipo que as pessoas são agoniadas, avise aos pares e/ou chefes, e coloque um aviso no e-mail. Isso dificilmente será malvisto na empresa se você souber explicar: "pessoal, o projeto Z precisa de uma atenção especial e por isso ficarei offline por uma hora me dedicando exclusivamente a ele, daqui a pouco volto para as outras demandas".

Isso vai ser bem difícil, eu sei. Eu mesmo quando comecei a tirar períodos offline durante o dia me pegava iluminando a tela do celular para ver as horas (e talvez alguma notificação que viria do além apesar do modo avião? Nunca saberemos). Eu chegava a desbloquear o telefone para olhar fotos velhas na galeria, tamanha a ânsia por rolar uma *timeline* de novo – e ansiedade que minhas tarefas geravam e agora eu precisava encarar sem ter uma válvula de escape ao alcance das mãos. No começo dá mais ansiedade ainda, mas eu juro para você que a longo prazo é ótimo.

Eu entendo se você se diverte com as redes sociais, se fez bons amigos no Twitter ou se gosta de verdade de seguir perfis de receita no Instagram. Só quero que, como tudo na vida, você tome o controle desses aplicativos e os transforme em úteis para você. Uma coisa que nos escraviza a ponto da sua ausência gerar sofrimento emocional não tem como ser boa, certo? Parar de ouvir tanto as redes é também uma forma de passar a ouvir a si mesmo. Será que você está bem? Será que a ansiedade por essa tarefa não tem tanto a ver com a tarefa em si e mais com o contexto da sua empresa hoje? Ou tem a ver com a culpa que você sente por gastar tempo no telefone? Só o modo avião dirá.

Tente manter o vício em apenas um app

E com tempo controlado! Tire os aplicativos do celular, e tire os logins do seu browser. Se você gostava muito de Twitter, agora você pode visitá-lo uma vez ao dia, e depois uma vez por semana. Mas faça com que deixe de ser automático, um clique no ícone e você está imerso em todas as brigas da internet do dia. Você vai precisar logar *toda vez*. Faça o mesmo com Instagram, Facebook, Pinterest, Linkedin e o que mais drena o seu tempo, sua atenção e seu ânimo.

Provavelmente é mais difícil fazer isso com serviços de mensagem instantânea como WhatsApp, mas aí você pode se beneficiar da dica anterior com pausas diárias da chuva de mensagens. Deixando apenas o app que você gosta mais, você pode visitar os outros aos finais de semana até o dia em que vai perceber que realmente não sente mais falta deles. E vai ter feito mais coisas e vivido mais feliz do que podia imaginar quando ficava no rodízio entre redes.

Saia do loop

Não aceite aquele próximo vídeo do Youtube depois que você assistiu ao vídeo que gosta. Faça questão de escolher seu próximo vídeo. Não fique assistindo stories anestesiado até o momento em que você não percebe de quem é aquela foto, e não fique no

TikTok sem ter um relógio perto (eles tiram o relógio pelo mesmo motivo que os cassinos também tiram, se é que você me entende), e não se perca no Twitter – aliás, não se perca em nada que não seja uma experiência de prazer e alegria na qual você está 100% presente. Nas redes sociais você nunca está presente, e, consigo afirmar tranquilamente, provavelmente nunca está se sentindo alegre e prazeroso.

Traga consciência para o uso que você ainda fizer de redes sociais depois que se desintoxicar. Coloque limites de tempo para olhar as redes, e internalize uma política de que elas vêm em último lugar. Se seu filho, marido, esposa ou colega de trabalho falar com você, ele nunca estará te interrompendo, você vai levantar os olhos e ouvir quem está na sua frente. Toda e qualquer interação social vai trazer mais dopamina para o seu cérebro do que o loop. Quebre com o loop, no final do dia ele te deixa exausto pelo excesso de estímulo e frustrado por tudo que não conseguiu fazer. Você merece muito mais do que viver no automático.

E agora que eu já passei essas boas páginas falando de vício na internet, vamos a outras formas de hackear seu foco (para o bem).

Organize e limpe seu espaço

SEMPRE! Infelizmente a sua mãe estava certa o tempo todo, todas as desgraças do mundo começam com desordem. Um estudo de 2011[1] que monitorou a reação do cérebro a estímulos

---

[1] MCMAINS, Stephanie; KASTNER, Sabine. *Interactions of top-down and bottom-up mechanisms in human visual cortex*. Disponível em: <https://pubmed.ncbi.nlm.nih.gov/21228167/>. Acesso em: 12 maio 2021.

organizados e desorganizados concluiu que a desordem diminui significativamente sua capacidade de concentração. Então tenha o hábito de possuir o mínimo possível de objetos na sua mesa e limpe-a sempre que puder – o que costuma ser um hábito autoadministrado, uma vez que você reduz as coisas e mantém a mesa limpa, fica mais fácil simplesmente continuar assim.

Mantenha o que for necessário em sua mesa e escolha um único item pessoal como uma planta, uma foto ou uma frase motivacional. Um está bom o suficiente. Tente não acumular papel, todo final de dia você pode fazer uma ronda na mesa e jogar no lixo qualquer folha a mais e retornar livros, xícaras de café, qualquer coisa em cima da mesa para seu lugar de origem.

Descubra o que agrada seus ouvidos

Isso varia muito de pessoa para pessoa, mas tenha certeza de que a sua audição tem um papel central no quanto você consegue focar ao longo do dia. Experimente de início três modos de trabalhar: silêncio total, barulho ambiente e música.

Silêncio total sempre é possível, mesmo se você trabalha num escritório (ou num home office) caótico. Existem tampões de ouvido profissionais e fones de ouvido externos que isolam os barulhos e podem oferecer para você horas de silêncio mesmo com a terceira guerra mundial acontecendo na sala.

Já para quem precisa de um barulhinho, você vai precisar de um pouco mais de testes. Talvez o ideal seja o barulho de uma cafeteria, que se você não puder frequentar já existem até vídeos no YouTube e streamings que imitam o som. Aliás, seus grandes aliados são os streamings. Lá você encontra playlists inteiras e gratuitas de ruído branco, sons da natureza, sons de chuva (os meus preferidos), até entender o que ajuda a fazer você entrar no clima.

E existem aqueles que gostam de música, inclusive muita gente já está condicionada a se concentrar quando coloca os fones de ouvido. Você vai entender quais músicas são as boas para trabalhar, só tome cuidado para não ficar ouvindo suas músicas, cuja letra você ama e vai ficar cantando. Dê preferência aos instrumentais ou a músicas que não te distraiam, foram já existem na internet playlists inteiras como "foco para estudar", "foco para trabalhar", desde música clássica, passando por instrumental e até eletrônica.

Quando você tiver uma tarefa extremamente operacional para fazer, como fechar envelopes, limpar a mesa, organizar pastas, ou algo que não exige muita atenção, pode liberar seu top 100 e cantar mentalmente. A música pode motivar e dar energia para tarefas que seriam um tédio – e o mesmo vale para os podcasts, que, continuo alertando, podem desconcentrar você da tarefa. Dê preferência para eles para tarefas físicas e domésticas, como pendurar roupa, lavar louça, passar aspirador na casa etc. De qualquer forma, já deu para perceber que fones de ouvido ajudam as três categorias, não é mesmo?! É sempre útil para o seu foco tê-los na mesa, porque ajudam a bloquear barulhos de colegas de trabalho espalhafatosos, vizinhos barulhentos ou da reforma ou construção do prédio ao lado. Eu especialmente gosto de fones de ouvido externos bluetooth, eles bloqueiam barulho e você não fica preso a fios.

Cuide dos seus olhos

Enxergar é muito importante, e estar com a visão prejudicada pode piorar o seu foco, porque só para conseguir acompanhar as letrinhas na tela você pode estar gastando toda a sua energia. Cuide da saúde dos seus olhos sempre que possível. O mundo está inundado por lâmpadas fluorescentes emissoras de luz azul e dispositivos eletrônicos, por telas de computador e telefone, e, caso você tenha muito contato com telas, visite seu oftalmologista regularmente e converse com ele sobre óculos protetores de luz azul. A fadiga visual digital é um problema comum principalmente a partir da geração millenial, que trabalha majoritariamente no computador. O contato dos olhos com o computador gera dois problemas mais comuns. Um deles são os olhos secos, causados por falta de piscar. "Quando você olha para uma tela, fica tão envolvido que se esquece de piscar. A taxa de piscada vai de 15 vezes por minuto a cinco ou sete vezes por minuto", explica o Dr. Gardiner em um artigo da Harvard Medical School. Se você não piscar o suficiente, seus olhos secarão, causando visão embaçada e desconforto. O outro problema de ficar olhando para a tela por muito tempo é a fadiga ocular, que pode resultar do foco em uma tela sem a prescrição de óculos adequada. "Sempre que você se esforçar para ver algo, talvez porque precise de óculos de leitura e tenha resistido a usá-los, pode ter dor de cabeça. Você pode exaurir a capacidade de concentração de seus olhos", diz o Dr. Gardiner.

Algumas pesquisas até sugeriram que o cansaço visual pode resultar da dificuldade de focar no texto e nas imagens em particular nas telas de computador, uma vez que são feitos de pixels que criam bordas desfocadas.

Outra questão é tentar adaptar a luz do seu local de trabalho para ser o mais confortável possível para os olhos – tente trabalhar em locais com boa iluminação natural se você puder. É chocante a quantidade de energia que gastamos apenas por estar sob uma luz ruim o dia todo. Tente mover seu computador para longe da luz artificial e em direção a uma janela e veja como se sente no final do dia. Também vale a dica (sempre útil) de reduzir seu tempo no telefone, a luz azul das telas antes de dormir atrapalha a capacidade do corpo de regular a melatonina, seu principal hormônio do sono.

Coma muitas vezes ao dia e evite ultraprocessados

Quase tudo que comemos é convertido pelo nosso corpo em glicose, que fornece a energia de que nosso cérebro precisa para ficar alerta. Quando estamos com pouca glicose, temos dificuldade em manter o foco e nossa atenção se desvia. Isso explica por que é difícil se concentrar com o estômago vazio. Nem todos os alimentos são processados com a mesma velocidade, por isso é interessante pensar nessas três dicas: não deixe a glicose cair demais na hora do almoço, você terá um desempenho melhor comendo ao longo do dia. Picos e quedas no açúcar no sangue são ruins para a produtividade e para o cérebro, tente comer refeições menores e mais frequentes. Para manter o ritmo de alimentação, tenha lanches saudáveis perto de você. É bom ter alimentos ricos em gordura saudável e proteína como amêndoas e uma seleção de barras de proteína ao lado do computador. Ter frutas no escritório ajuda você a lanchar comidas que dão energia de verdade (obviedade: nenhum ultraprocessado). Pesquisadores comprovaram que quanto mais frutas e vegetais as pessoas consomem (até 7 porções/dia), mais felizes, engajadas e criativas elas tendem a ser[2].

Essas são algumas dicas que você pode seguir para fazer o seu foco ser um animal mais fácil de domar ao longo do dia. Elas funcionam com pessoas que conseguem entender suas prioridades e a única coisa que precisam fazer, ou seja, pessoas como você, que passaram pelos últimos capítulos. Porque, acredite, não existe quantidade de amêndoas e ruído branco no mundo que possam salvar uma pessoa sem presença e autoanálise.

---

2   FRIEDMAN, Ron. *What You Eat Affects Your Productivity*. Disponível em: <https://hbr.org/2014/10/what-you-eat-affects-your-productivity>. Acesso em: 9 maio 2021.

FOQUE NISTO

Seja consciente com as redes sociais: passe o menor tempo possível nelas.

Lembre-se: nas redes sociais o produto é a sua atenção, ou seja, eles brigam pelo seu foco, e você precisa dele!

Não leve mais o telefone para o quarto!

Tenha períodos offline.

Tenha um espaço de trabalho limpo e organizado.

Entenda que tipo de ruído ajuda na sua concentração: silêncio total, ruídos ambiente ou música.

Cuide da sua visão, especialmente se você tem muito contato com telas.

Escolha comidas in natura ou minimamente processadas e faça pequenas refeições ao longo do dia para não ter quedas de glicose.

Compartilhando o seu objetivo: cercando-se de pessoas que ajudem na jornada

8

"Parta da complexidade para a simplicidade; com menos "peso" em suas costas muito possivelmente você irá muito mais longe."

Você provavelmente passou muito tempo sozinho ao fazer as reflexões e montar o plano de vida e as listas dos últimos capítulos. O autoconhecimento é um trabalho solitário na essência, mas eu aposto que em diversos momentos você conversou com alguém sobre seus objetivos, vontades, sonhos, aspirações – um amigo próximo, um cônjuge, um parente. Você deve ter comentado sobre o livro que estava lendo ou o plano que pensou em ter.

A verdade é que os seres humanos não sabem sonhar sozinhos. Nós precisamos dividir o que passa pela nossa mente, compartilhar nossos planos, porque temos uma necessidade intrínseca de nos comunicar. Pense nos sonhos que você já atingiu e naqueles que deixou pelo caminho: provavelmente as coisas das quais desistiu foram as que menos compartilhou com quem importava na sua vida. Sonhar sozinho dificilmente frutifica, nós precisamos de outras pessoas para nos apoiar, nos ajudar a elaborar o que realmente queremos e para contrapor nossas ideias.

Nós não funcionamos muito bem quando estamos sozinhos, nem mental e nem mesmo fisicamente. Na verdade, não podemos confundir solitude com solidão. Na solitude é bom estar sozinho e fazer silêncio, é uma prática necessária para a manutenção da nossa saúde mental e extremamente positiva, ao contrário da solidão, que é quando temos uma grande ausência de vínculos e de intimidade com outras pessoas, e que pode ser considerada o grande mal da nossa época.

Quem pratica a solitude em geral precisa de momentos sozinho e em silêncio consigo para poder recarregar as energias. Seja lendo um livro, tomando um banho longo, passando uma manhã caminhando na praia, porque é bom estar sozinho quando estamos com nós mesmos, mas não por períodos prolongados e sem a opção de conexões de diversos níveis, desde superficiais até íntimas com outras pessoas.

A solidão de fato pode ser tão avassaladora que já é reconhecida por diversos órgãos como um problema de saúde pública, tanto que o Reino Unido criou em 2018 seu próprio Ministério da Solidão, uma iniciativa governamental para ajudar as pessoas que estão sofrendo de solidão a encontrar comunidades e atividades que melhorem suas rotinas. A solidão, argumentou o governo britânico ao criar o ministério, é um risco para a saúde física e mental, trazendo prejuízos para toda a sociedade.[1] E não são só os britânicos que estão solitários. Se você também se sente desconectado das pessoas, sozinho, ansioso por sentir que não compartilha sua vida com ninguém, apesar de estar conectado o tempo todo por diversas redes, fique tranquilo, que pelo menos nesse ponto você não está sozinho, piadinhas à parte. Se você riu quando pensou

---

1 *PM launches Government's first loneliness strategy*. Disponível em: <https://www.gov.uk/government/news/pm-launches-=-governments-first-loneliness-strategy#:~:text-Loneliness%20is%20one%20of%20the,and%20voluntary%20services%20by%202023>. Acesso em: 14 maio 2021.

que o Reino Unido gasta parte do seu orçamento anual combatendo a solidão, saiba que a iniciativa ganha cada vez mais adeptos. Atualmente a Alemanha e o Canadá também estudam como fazer seus próprios órgãos de combate à solidão, julgando ser uma das necessidades principais de seus cidadãos.

A solidão, é, inclusive, um dos fatores para as doenças crônicas e morte prematura, e as pessoas com laços sociais mais pobres tendem a desenvolver alcoolismo, doenças cardiovasculares, depressão, entre outros problemas.[2] Acho que deu para entender que você precisa dos outros para viver – mas a solidão além de fazer mal para a saúde, pode ser o maior obstáculo para que você realize seus sonhos.

Enquanto nossa vida comunitária desaparece a cada ano – não temos as atividades em grupo com vizinhos ou congregamos em igrejas como nossas avós faziam –, as redes sociais ainda agravam a nossa situação, uma vez que pesquisas já comprovam que, em vez de cumprir sua função principal de encurtar distâncias, elas só pioram o sentimento de solidão.[3] Estamos isolados, mais do que fisicamente, emocionalmente. E isso está nos impedindo de ter mais força de vontade, motivação e apoio para conseguir persistir nos nossos sonhos. Boa parte da nossa procrastinação tem a ver com isso, nos sentimos sozinhos e abrimos o telefone para mandar uma mensagem para alguém, ver o que nossos amigos estão postando nas redes, e nossa ânsia de contato se torna um jogo de

---

2 KENDRA, Cherry. *How Social Support Contributes to Psychological Health*. Disponível em: <https://www.verywellmind.com/social-support-for-psychological-health-4119970>. Acesso em: 14 maio 2021.

3 NOBEL, Jeremy. *Does social media make you lonely?*. Disponível em: <https://www.health.harvard.edu/blog/is-a-steady-diet-of-social-media-unhealthy-2018122115600>. Acesso em: 13 maio 2021.

imagens e de comparação, tendo o efeito de nos deixar ainda mais sozinhos.

O autor best-seller internacional de desenvolvimento pessoal Brian Tracy afirma que "aprender como desenvolver e manter relacionamentos humanos de qualidade pode fazer mais por sua carreira e por sua vida pessoal do que qualquer outra coisa que você realizar."[4] Nós precisamos dos outros porque quem sonha sozinho, em geral, realiza muito pouco. Você pode confirmar isso vendo qualquer entrevista de grandes empreendedores ou CEO's, é comum que eles respondam que a sua rede de contatos é o maior *asset* que possuem. Para conseguir fazer algo realmente relevante você sempre vai precisar de outras pessoas, e até de grandes redes de pessoas que se entendem e conseguem cooperar umas com as outras para o bem comum. E o melhor de tudo é que laços fortes de empatia e amizade sempre acontecem dos dois lados: você pode ser apoiado e apoiar também. Todo mundo ganha.

Talvez você esteja vendo esse capítulo com o cinismo de alguém que já tem uma certa idade e provavelmente já teve sócios – quem já esteve em uma sociedade provavelmente foi do céu ao inferno e comprovou que nem sempre estar junto é motivador. Mas a verdade é que qualquer objetivo é mais fácil de atingir se você tem boas pessoas à sua volta. Força de vontade, como já discutimos, é um animal arisco, mas com um grupo (ou simplesmente um parceiro muito legal) fica mais fácil domar esse leão.

Pense em todas as vezes que você precisou fazer um trabalho em grupo e como isso uniu você a seus colegas de escola, ou como

---

4   TRACY, Brian. *Mastering Human Relationships*. Disponível em: <https://www.briantracy.com/blog/personal-success/mastering-human-relationships/>. Acesso em: 13 maio 2021.

fazer academia era muito mais legal com o seu melhor amigo do que sozinho, ou quando seu carro enguiçou no caminho das férias de final de ano e você agradeceu aos céus que seus irmãos estavam ali para esperar o guincho com você. Estar acompanhado é parte da nossa natureza, e o sucesso depende de quem está ao seu lado quando o carro enguiça.

É alguém que apoia? Que faz piada? Que tem o número do seguro na discagem rápida? É uma mistura dos três? Hemingway já disse em uma célebre frase que quem está ao seu lado na guerra importa mais do que a própria guerra – dando uma dica do que vamos falar aqui. Para estar lado a lado, ajudar, cooperar mutuamente, enfim, viver o idílio do trabalho em grupo que todo mundo se entende nessa guerra que é a vida moderna, você precisa de uma tonelada de *empatia*.

O PODER DA EMPATIA

Foi Buda quem disse que "ao cuidar de si mesmo, você cuida dos outros. Ao cuidar dos outros, você cuida de si mesmo", e acho que para começar a falar de empatia precisamos sair de alguns lugares comuns desse termo. Como quase tudo o que é bom, a empatia também foi cooptada por todo tipo de discurso de coaching e gurus de negócios, e mesmo com tantos textos e vídeos sobre isso ainda é difícil para a maioria de nós definir como a empatia funciona e como nós podemos ser mais empáticos sem nos perder no caminho.

A especialista em vulnerabilidade Brené Brown define bem a diferença entre simpatia e empatia, colocando como ponto central que a empatia gera conexão, enquanto a simpatia gera desconexão[5]. Brené cita um estudo que elencou 4 elementos básicos da empatia: a habilidade de ter a perspectiva do outro; não julgar; reconhecer emoção em outras pessoas e comunicar isso. Empatia é, basicamente, sentir com o outro. Já a simpatia é falar que você sente muito e tentar mostrar o lado bom de situações péssimas que outra pessoa está vivenciando. Em geral, demonstrações de simpatia não ajudam em nada nos momentos difíceis, porque o que efetivamente nos ajuda é a conexão com outra pessoa, mesmo que ela não tenha uma resposta para os nossos problemas.

A empatia permite que as pessoas criem relacionamentos formados com base na confiança, e é uma habilidade essencial para um bom líder, seja ele o líder de uma família, de uma empresa ou grupo de amigos. Empatizar nos ajuda a entender como ou por que os outros reagem, e assim não levamos tudo o tempo todo para o pessoal, e conseguimos garantir que vamos responder adequadamente às questões dos nossos relacionamentos. Em artigo da Harvard Business Review[6], o jornalista científico Daniel Goleman explica que existem três tipos de empatia:

Empatia cognitiva: a capacidade de compreender a perspectiva da outra pessoa.

Empatia emocional: a capacidade de sentir o que a outra pessoa sente.

Preocupação empática: a capacidade de sentir o que a outra pessoa precisa de você.

---

5 BROWN, Brené. *Brené Brown sobre empatia*. 2013. (2m53s). Disponível em: <https://www.youtube.com/watch?v=1Evwgu369Jw>. Acesso em: 15 abr. 2021.

6 GOLEMAN, Daniel. *O que é empatia?*. Harvard Business Review. Disponível em: <https://hbrbr.com.br/o-que-e-empatia/>. Acesso em 10 abr. 25 abr. 2021.

A empatia cognitiva tem uma natureza investigativa, de quem quer aprender e entender ao máximo o que acontece com o outro, e mesmo que isso não seja sentido, é racionalizado, porque ela é resultado da autoconsciência. Isso significa que podemos escolher focar em outra pessoa para compreender melhor o que ela está sentindo.

Já a *empatia emocional,* segundo Goleman, se origina de partes remotas do cérebro abaixo do córtex – a amígdala, o hipotálamo, o hipocampo e o córtex orbitofrontal –, que nos permitem sentir rápido sem pensar profundamente. Essas partes nos sintonizam para sentir o que o outro está sentindo e, assim, sentimos literalmente a dor do outro. Nosso padrão cerebral liga-se ao dos outros quando os escutamos contarem uma história emocionante, por exemplo. Ou sentimos vontade de chorar ao ver outra pessoa chorando. Goleman ainda explica que o acesso à nossa própria empatia emocional depende da combinação de dois tipos de atenção: um foco concentrado em nossas próprias ideias dos sentimentos de outra pessoa e uma ampla conscientização do rosto, da voz e de outros sinais externos de emoção do outro. Você precisa se conhecer muito bem e focar em outra pessoa para sentir o que ela sente.

A *preocupação empática*, por sua vez, está relacionada à empatia emocional, é sentir não apenas como as pessoas se sentem, mas entender o que elas precisam de nós. É o que esperamos do médico, do cônjuge – e muitas vezes do líder ou chefe. É aquilo que vemos na maioria das mães, que conseguem decifrar o que o choro do bebê significa em poucos segundos. Não por acaso, Goleman explica que a preocupação empática tem suas raízes no sistema que obriga a atenção dos pais aos filhos, o centro cerebral dos mamíferos naturalmente é atraído para crianças e bebês (não conseguimos parar de observá-los!). Ele ainda completa o artigo mencionando que as pesquisas sugerem que, à medida que as pessoas sobem na carreira, a capacidade delas de manterem relações pessoais vai sendo prejudicada, o que pode ser resultado de a empatia gerar sentimentos ambíguos: ao mesmo tempo em que nos sentimos bem, podemos ficar vulneráveis ou sofrer junto com quem está sofrendo.

Em contrapartida, Daryl Cameron, professor assistente de psicologia e pesquisador associado do Rock Ethics Institute da Penn State, nos dá uma pista sobre essa recusa que temos à empatia. Ele se dedica a entender quando, como e por que as pessoas optam por evitar a empatia em suas vidas diárias e por que algumas pesquisas sugerem que a empatia está diminuindo com o passar dos anos. Uma análise de dados de pesquisa de 2010 descobriu uma queda de 40% na empatia que estudantes universitários declararam ter entre os anos 1970 e o início dos anos 2000.[7] Cameron disse que seu trabalho sugere que as pessoas que optam por evitar sentir empatia podem fazê-lo porque é simplesmente difícil, é um trabalho árduo se colocar no lugar do outro, ainda mais em uma sociedade altamente individualista como a nossa.

No passado, a empatia era considerada um traço inato que não podia ser ensinado, mas pesquisas mostraram que essa competência humana vital é mutável e pode ser ensinada aos profissionais de saúde, por exemplo. Quando analisamos as visões desses diferentes especialistas, é possível entender que, apesar de estarmos

---

[7] BOHN, Katie. *The empathy option: The science of how and why we choose to be empathetic*. Penn State News. Disponível em: <https://news.psu.edu/story/600235/2019/12/09/research/empathy-option-science-how-and-why-we-choose-be-empathetic>. Acesso em: 9 maio 2021.

"equipados" para ter empatia, nossa condição como sociedade individualista muitas vezes desliga a chave e é preciso consciência para religar a nossa conexão com o sofrimento do próximo.

As redes sociais (ah, sempre elas) também contribuíram para essa queda de empatia fazendo com que convivamos em bolhas de pessoas que são muito parecidas conosco, com profissões, renda, religião similares às nossas, por exemplo, nos deixando menos propensos a olhar com compaixão para o que é diferente. No caso dos profissionais de saúde que foram avaliados, a evidência de melhora da empatia avaliada pelo paciente em médicos foi demonstrada em estudos piloto e de retenção e em um ensaio clínico randomizado. Outras evidências de que o treinamento de habilidades de comunicação para médicos melhora as notas de satisfação do paciente foram relatadas em um estudo observacional em grande escala. O cuidado médico empático está associado a muitos benefícios, incluindo melhores experiências do paciente, adesão às recomendações de tratamento, melhores resultados clínicos, menos erros médicos e reclamações de negligência e maior retenção do médico.

Existe muita discussão sobre a empatia ser uma capacidade natural ou algo que precisamos aprender, e eu prefiro acreditar que ela faz parte da nossa evolução – nossa ajuda mútua nos fez sobreviver como espécie e seres humanos há milhares de anos se organizam em tribos e aldeias, proporcionando proteção e cooperação. A nossa união nos fez superar os elementos naturais que nos matavam como a fome, o frio e os predadores muito maiores do que nós. Se a existência humana fosse simplesmente o resultado da "sobrevivência do mais forte", estaríamos programados apenas para dominar os outros, não para responder ao seu sofrimento e nos ajudar mutuamente. A angústia pessoal experimentada ao observar a dor dos outros muitas vezes nos motiva a responder com compaixão. A ajuda mútua existe nos primeiros relatórios de comportamento tribal e permanece uma força poderosa no mundo de hoje, onde milhares de organizações e milhões de pessoas trabalham para aliviar o sofrimento global. Empatia é a habilidade do futuro mais antiga que existe, e ela pode catapultá-lo em direção ao seu objetivo, por trazer percepção do que está acontecendo enquanto você ainda tem a chance de ajudar outras pessoas.

Como ter mais empatia então? Existem algumas dicas preciosas.

Fale com pessoas novas

Tente criar conexões com gente diferente – e o próximo capítulo é todo sobre isso. Abra sua gama de pessoas e preste atenção em todo mundo que o cerca. Comece conversas com contatos que não conhece muito bem, como convidar um vizinho ou um colega de trabalho com quem você não fala muito para almoçar. Siga pessoas diferentes nas redes sociais para entender outras realidades. Se você é cisgênero, pode seguir influenciadores transgêneros e entender quais são as dificuldades e alegrias daquele mundo. Experimente ver o mundo pela maioria de olhos que puder, entendendo como crianças, mulheres, homens, velhos, jovens, gays, e todo tipo de pessoa pensa. São pessoas como você que têm muito a agregar para a sua vida, deixando você mais flexível e mais inteligente ao ter contato com esses universos. Assuma que você tem preconceitos, mesmo sem querer tê-los, e que muitas vezes julga as pessoas sem conhecê-las, que se deixa levar pelos privilégios que tem sem pensar que talvez não sejam todos que têm o mesmo leque de escolhas que você. Assumir isso é se abrir para escutar e ver tudo o que existe lá fora.

Vista a vida de alguém

Você pode tentar também viver a vida de outras pessoas por um curto espaço de tempo, se voluntariando para fazer algum trabalho em uma comunidade carente que precise do seu serviço, indo a um culto de uma religião diferente que seu amigo frequenta e pode te levar, ou simplesmente se colocando no lugar de outras pessoas – principalmente das que te irritam e você odeia, como aquele chefe que sempre responde com grosseria. Faça o exercício consciente de imaginar como será o dia dele. Que tipo de mercado de trabalho o educou nos anos anteriores para tratar assim com os outros? Você não vai deixar de reprovar esse comportamento, mas terá compaixão e sua cabeça vai deixar de ferver quando ele gritar com alguém.

Encontre comunidades

Tente participar de grupos e associações comunitárias, como a associação de vizinhos do seu bairro, a sua igreja e o sindicato da sua classe, é interessante para conhecer pessoas e você vai enxergar diferentes visões e necessidades dentro de lugares nos quais circula há anos. E ainda vai sentir uma sensação de acolhimento que é profunda e especial, que só acontece quando estamos trabalhando juntos por um objetivo e nos sentimos parte de uma comunidade.

Escolha todos os dias trabalhar a sua empatia, porque ela amplia o seu foco para que você exerça o seu propósito, ela é importante para que você se sinta completo e conectado com outras pessoas e com a realidade na qual vive. Empatia também pode ser um combustível de foco, porque você começa a perceber que toda vez que se perde na check-list, que não cumpre um prazo de entrega ou não consegue terminar o que começou, você impacta diretamente a vida de outras pessoas. Muitas vezes fazer algo apenas por nós não é o suficiente, e é uma grande motivação saber que estamos facilitando a vida de alguém, que existe na outra ponta alguém precisando da nossa pontualidade e da nossa atenção. Seja um cliente, ou um filho que conta com você no horário de buscar na escola, empatia traz foco para que não percamos mais esses compromissos por pensar no quanto isso pode atrapalhar a vida do outro.

No próximo capítulo vamos falar de networking, porque o poder que as outras pessoas têm de nos ajudar a superar dificuldades e conquistar sonhos é maior do que você imagina. Mas para viver isso, você vai precisar ser mais empático. E vai valer a pena.

FOQUE NISTO

Não importa o quanto você é competente: você depende de outras pessoas sempre.

O sucesso é feito de outras pessoas e para ser bem relacionado de fato só há um caminho: empatia!

Empatia divide opiniões: há pesquisadores que acreditam que nascemos com ela, outros que precisamos treiná-la.

Empatia é sentir com o outro, não pelo outro.

Para ser mais empático você precisa sair da zona de conforto e experimentar outras realidades.

Preste mais atenção nas pessoas e inicie conversas com gente diferente!

Procure a sua comunidade profissional ou pessoal e faça um esforço para se envolver mais.

Abraçando as oportunidades para o seu ÚNICO PROPÓSITO: o "ponto da virada"

"Quando estamos **REALMENTE PREPARADOS**, a oportunidade aparece. Não a desperdice."

Todo mundo que já está inserido no mercado de trabalho (talvez até quem ainda não está) já ouviu ou leu sobre a importância suprema do networking. Networking, por definição, é a prática de ampliar sua rede de contatos com pessoas que podem apresentar oportunidades para a sua carreira. Networking é praticamente uma religião no ambiente dos MBAs, cursos de administração e coachings de carreira. A popularização foi tanta que hoje muita gente só de ouvir o termo sente um arrepio, porque o associa a eventos cheios de pessoas tentando trocar o máximo de cartões possível, forçar conversas com quem não tem nada a ver com elas e tirar desses contatos algum benefício. Além de ser o pesadelo na terra para os introvertidos, a sensação que ficou é que networking é um recurso artificial e que, em última instância, nem funciona, porque ninguém se sente à vontade para ajudar uma pessoa que só está ali para conseguir algo de você.

Realmente, trabalhar contatos como se você estivesse em uma mina de bauxita e não em uma comunidade de pessoas não tem como ser uma prática ética e confortável. Mas a conexão humana é a forma que temos para realizar nossos sonhos e atingir nossos objetivos – e, ao mesmo tempo, viabilizar os objetivos de outras pessoas à nossa volta. O problema está na técnica e não no conceito. Você precisa de pessoas e elas precisam de você.

Como o networking funciona na prática? Um conhecido meu, que vamos chamar de Ed, era gerente de marketing de uma grande empresa hoje, mas sempre sonhou em fazer algo diferente, já que se formou em música e sempre quis trabalhar com isso, mas nunca viu um mercado para atuar (e não sente o desejo de ser uma celebridade conhecida). Ele passava pela vida normalmente, como qualquer um de nós, pagando contas, trabalhando, tentando fazer mais exercício físico, e foi morar com dois amigos muito queridos. O apartamento era bom, eles se davam bem e um deles tinha uma namorada que estava sempre ali. Ed também fica amigo dessa namorada, afinal, são muitas pizzas, cervejas, encontros no corredor e momentos que todo mundo passa junto. Até que, um dia, mais de um ano depois que eles se conheceram, ele estava desabafando sobre como queria entrar na indústria da música e ela comenta que tem um irmão que possui uma produtora de jingles para grandes marcas – que inclusive presta serviço para a empresa na qual Ed trabalhava. Ela se oferece para indicá-lo e, depois de uma reunião com o irmão dela, eles se deram muito bem, mas ainda não havia uma vaga ali para reposicionar nosso amigo no emprego dos sonhos. Eles continuaram se falando, se seguindo nas redes sociais e, às vezes, Ed pedia indicações de leituras da área, curtia os posts do irmão da namorada de seu amigo. Seis meses depois ele recebe uma ligação: o assistente do produtor acabou de pedir demissão, e ele pensou no Ed para a vaga, que tal? O ponto da virada aconteceu, é hora de recomeçar.

Parece um conto de fadas, mas é exatamente assim que a maioria das pessoas consegue empregos e oportunidades. Claro, você não vai conseguir morar com gente o suficiente para conseguir todas as indicações das quais precisa ao longo da vida, mas esse tipo de conexão acontece de diversas formas: em eventos, festas, aniversários, congressos, reuniões de trabalho. O importante é desenvolver relacionamentos significativos com as pessoas, demonstrando o quanto você é confiável e cooperativo – e ajudando as pessoas que puder ajudar, mesmo sem um benefício em troca à primeira vista.

Existem dois tipos de networking básicos: ativo e passivo. O networking passivo é aquele que fazemos naturalmente, como ter um amigo, ficar amigo da namorada dele, e do irmão dela. Networking passivo também é aquele que você faz com seus colegas de trabalho, fornecedores e parceiros de negócio. As pessoas com quem você convive são a maior fonte de oportunidades que você tem e elas presenciam ao vivo que tipo de pessoa você é. Por isso que eu não deveria nem ter que lembrar o quanto é importante tratar todo mundo que convive com você com gentileza, mesmo as pessoas que não são necessariamente gentis e principalmente aquelas que te dão nos nervos – tem mais gente assistindo seu comportamento, e perder a cabeça, falar grosserias, passar uma impressão errada de quem você é pode custar muitas oportunidades.

Já o networking ativo é aquele que a gente aprendeu a odiar depois de uns anos de carreira, é o esforço para ampliar sua rede por meio de encontros de associações, festas, coquetéis, feiras e reuniões. A primeira regra de ouro do networking ativo, aquele que você faz com intenção e planejadamente é que você precisa fazer networking mesmo sem precisar. Aliás, comece a cultivar relações com mais pessoas, principalmente se estiver bem empregado, com muitos clientes e muitos projetos encaminhados. É possível sentir de longe o cheiro de desespero de quem vai a seminários e congressos apenas para conseguir algo dos outros, e o bom networking é uma conexão real que vai além da troca de cartão. E esse tipo de conexão leva muito mais tempo do que uma conversa durante uma conferência. Leva encontros, reencontros, cafés, trocas de mensagem. Então comece e faça disso um hábito que você vai cultivando aos poucos, de forma a não atrapalhar suas tarefas do dia, os frutos virão, mas eles demoram bastante para vir e o melhor é que cultivar seus contatos seja uma tarefa prazerosa. E é melhor ainda se você for conhecido por esses contatos como uma pessoa generosa, que oferece tempo, contato e recursos mesmo quando não está precisando de nada em troca, não é?

Networking é mais do que uma matéria de revista de negócios, é uma necessidade básica de todo ser humano, que, infelizmente, foi absorvida pelos vendedores de soluções rápidas. Neste capítulo, vamos passar por algumas das dicas que demorei anos para aprender e que fizeram toda a diferença para conquistar meus objetivos:

TODO MUNDO É IMPORTANTE

Isso parece um pouco estranho vindo de alguém que escreveu um livro inteiro para ensinar você a eliminar tudo aquilo que só desperdiça tempo e focar na única coisa que constrói seu propósito todos os dias. E sim, o foco vem da nossa capacidade de dizer mais não do que sim, principalmente quando tratamos das nossas tarefas diárias e ao que decidimos nos dedicar. Mas quando falamos de conexão humana, nenhuma pessoa é uma perda de tempo. Especialmente em um evento ou reunião que você já planejou fazer.

Quando conhecer alguém em um coquetel da empresa, durante aquele churrasco na casa da sogra, sempre preste atenção nesse contato e mesmo que essa pessoa pareça não ter nada a oferecer, escute atentamente, cuide do contato e faça follow-up de qualquer jeito. Mesmo que seja pelo simples prazer de entrar em um universo diferente do seu. E porque você precisa ser estrategista o suficiente para entender que já foi provado que praticamente todo mundo no planeta está com no máximo seis pessoas de separação. O que significa que mesmo alguém que você conheceu e que parece não oferecer nada pode ser a ponte para alguém que pode lhe abrir portas e a sua próxima oportunidade. Então todas as pessoas são importantes, dosando com bom-senso a atenção que você lhes dá com seus recursos de tempo e energia, claro.

MAS NEM TODO EVENTO É IMPORTANTE

Aí está a hora de ser seletivo e aplicar o que aprendemos até aqui. Você tem muito trabalho na sua check-list da semana, do mês e do ano para gastar tempo demais indo a todo tipo de evento, topando todos os cafés, happy hours, seminários e indo a dezenas de lançamentos. Seja seletivo, vá a um evento de networking da sua área sempre que puder, mas tendo em mente que não vale a pena ir em mais de um por semana, e que se parecer uma grande furada, você não volta mais e vai partir para conhecer outros.

Uma iniciativa que vem ganhando mais popularidade são as redes de apoio. Existem hoje redes para mulheres, empreendedores, jovens profissionais, profissionais de diversas áreas, que se encontram periodicamente para trocar experiências, desabafar sobre dificuldades e trocar contatos. Estar com os seus pares é muito importante, porque pode significar conexões de verdade e até novas amizades. Não necessariamente aquelas pessoas têm um emprego ou um cliente para apresentar a você – talvez não *agora*. Mas elas passam por dificuldades parecidas e podem ser uma fonte de apoio, de soluções e até de boas risadas. Convivendo com uma dessas redes ou associações você fica informado, consegue ver sua profissão por outros ângulos, se motiva pela troca e tem acesso a mais oportunidades a longo prazo. Procure pela internet as redes ou círculos que podem ajudar você no momento pelo qual está passando, tendo o cuidado de passar longe de pessoas ou instituições que se passam por redes de apoio para vender cursos ou terapias alternativas caríssimas. Não, você não vai ficar rico só com o poder do pensamento do nada.

PARE DE "FAZER A VARREDURA"

Talvez o melhor conselho que existe sobre networking seja "pare de pensar em networking como uma tarefa". Esse excesso de racionalização e planejamento faz com que os eventos de networking, premiações e happy hours de associações de classe sejam sempre ocasiões que cansam antes mesmo de começar e que costumamos evitar. O melhor é pensar "estou indo para me divertir conhecendo pessoas diferentes de mim".

Dá para sentir quando estamos em um evento quem são as pessoas que só estão ali para caçar o seu. Para "tirar" algo de todos, e em geral intuitivamente nós fugimos dessas "almas sebosas" carimbadas. Então pense sempre nelas quando precisar ir a um evento que importa para seu networking, tente ir na direção contrária e criar conexões reais – mesmo com quem não parece ser nada de importante. Existe quem defenda que a melhor estratégia é encontrar apenas uma pessoa por evento e passar o tempo realmente conhecendo essa pessoa, mas eu sugiro você estabelecer uma meta flexível de conversar com 3 a 5 pessoas por dia durante um evento, conferência, congresso ou feira.

Com esse número de novas conexões você consegue ter uma conversa significativa com essas pessoas, sem ficar na ansiedade de "varrer" o evento, e ainda constrói contatos suficientes para planejar um dia de reuniões e conhecer cada um deles mais profundamente alguns dias após a apresentação inicial. É proibido despachar as pessoas que estão sendo simpáticas porque você quer se inserir em uma roda de peixes grandes do outro lado da sala. Mas é altamente recomendado dar um jeito de ser gentil, conhecer e em seguida dar um perdido nos mineradores de pessoas, porque conforme você fica mais empático e disposto a se conectar, menos paciência terá para eles.

Durante uma conversa em um evento controle a ansiedade, respire fundo e olhe quem está à sua frente nos olhos, prestando atenção no que é dito, faça perguntas se o assunto realmente te interessar, porque muito da dinâmica de networking hoje está tão ensaiada que até as perguntas casuais nesses eventos acabam sendo sempre as mesmas. Troque cartões, ou contatos, peça para seguir nas redes sociais e tente efetivamente se conectar. No fundo, todos temos algo em comum e estamos em uma batalha para atravessar o dia sem sair do eixo. Vale a pena se conectar só por esse motivo.

FOLLOW-UP É CHATO, MAS NECESSÁRIO

Depois que você foi ao evento ou seminário e conheceu pessoas novas, mande um e-mail e uma mensagem logo em seguida, assim que chegar na sua casa ou no hotel. O mesmo vale para encontros menos formais, como alguém interessante que você conheceu no aniversário do seu cunhado, por exemplo. Tente sempre mandar uma mensagem em até 24 horas. Comente sobre algo da conversa e agradeça pelo tempo e pela simpatia daquela pessoa e, se houver um projeto ou objetivo concreto naquele contato, chame para uma reunião ou um café. Sim, eu sei, vocês acabaram de se ver e agora precisam se ver de novo e parece muito trabalho.

Nós já conversamos no capítulo 8 sobre como não existe sucesso sem outras pessoas, e você precisa construir uma rede se quiser atingir seus objetivos – não apenas os profissionais, mas os pessoais também. Nunca sabemos de onde virá a pessoa com quem vamos casar, nosso próximo melhor amigo ou terapeuta. Pode ser o primo de um desses contatos que você teve preguiça de fazer follow-up.

O ritual é mandar a mensagem em até 24 horas e tentar marcar um segundo encontro em até dez dias, para vivenciar uma conversa com esse contato em uma situação mais tranquila, com menos gente, para conhecer de verdade as possibilidades de como vocês podem se ajudar e quais são as forças que podem ser colocadas em movimento ali.

Se você não conseguir essa reunião ou café em dez dias, não fique triste e por favor, não seja rude ou cobre demais a pessoa como se ela tivesse a obrigação de encontrar com você. Pense naquele contato como um "conhecido distante" e não um contato de fato – o que significa que você não pode sair mandando mensagens pedindo coisas para essa pessoa. Tente investir na relação e só peça favores para quem você tiver intimidade o suficiente. A não ser que seja uma questão de vida ou morte, ou uma oportunidade que você vai se cobrar a vida inteira por não ter falado disso, mas com a consciência do risco de virar o chato.

QUEM NÃO SERVE, NÃO SERVE

Acho que deu para entender que mudar o modelo mental para fazer networking é necessário e até urgente para conseguir relacionamentos que sejam interessantes e potencialmente lucrativos. Minha sugestão é você ir para esses eventos ou reuniões tirando o foco "quem aqui me ajuda nos meus objetivos?" para "como eu consigo ajudar quem está aqui?". A conversa vai ficar mais leve, você terá o que dizer e terá ainda mais disposição para escutar, mudando o eixo da experiência de networking. E ainda pode servir de bom exemplo para mudar para sempre o ranço que sentimos dessas reuniões. Eu não consigo me controlar no otimismo, porque realmente acredito que possa existir um mundo em que as pessoas estão conectadas de fato para se ajudar, e que essa troca vai gerar relações e mercados mais saudáveis para todo mundo. Encare o networking como um momento de servir ao outro, porque quem serve está sempre recebendo muito mais do que oferece.

FOQUE NISTO

Networking não é mineração de contatos.
Comece a fazer networking antes de precisar.
Vá, no máximo, a um evento de networking por semana.
Trate todas as pessoas que conhecer como relevantes, procure conhecê-las de fato.
Conheça pessoas se perguntando como você pode ajudá-las.
Faça follow-up em até 24 horas.

10

A jornada extraordinária rumo à sua ÚNICA COISA: um novo modelo de realidade

"A vida só será plena quando você descobrir o que veio fazer neste planeta. Responda sinceramente a si mesmo: o que eu vim fazer neste mundo?"

A Madre Teresa já dizia que se você julga alguém, não tem tempo de amar essa pessoa. Nós passamos por uma jornada neste livro que foi desde lidar com você, seus mecanismos de autossabotagem, gatilhos de perda de foco até compreender como se conectar com outras pessoas e cooperar dentro de uma sociedade para lá de individualista.

O julgamento é uma das características mais marcantes dessa sociedade e passamos o tempo todo julgando os outros e a nós mesmos. Boa parte do investimento que fazemos em técnicas de meditação tem a ver com silenciar a voz do julgamento que está sempre trabalhando. Precisamos fazer um esforço ao meditar para aprender a apenas observar nossos pensamentos, sem julgá-los ou nos envolver demais com eles, para assim ter uma mente que funciona com mais clareza e propósito.

Existe uma questão muito importante para você começar a trabalhar seu foco, para viabilizar todas as ferramentas que nós elaboramos aqui. Autoaceitação. Eu aposto que durante os capítulos muitas vezes lembranças voltaram. Muito tempo perdido com o que hoje parecem bobagens, muita procrastinação vergonhosa e muitas ocasiões de lidar mal com suas obrigações, com seu propósito e com as pessoas da sua vida. Mas é necessário parar de se julgar, antes de tudo, e de ter vergonha da pessoa que você já foi.

A verdade é que você ainda é a mesma pessoa que era quando cometeu todos os erros. Quando procrastinou, quando deixou a preguiça levar a melhor, quando não pensou na assistente que precisava desesperadamente da sua resposta naquele dia e passou um dia inteiro imerso nas redes sociais sem conseguir fazer mais nada. E nós tendemos a julgar muito a pessoa que já fomos, a ter vergonha dela, e não nos perdoamos para garantir para as vozes do julgamento na nossa cabeça que estamos nos punindo o suficiente.

Para que tudo que conversamos aqui funcione, vou pedir encarecidamente que você se perdoe e acolha o procrastinador sem empatia que já foi, porque você ainda é essa pessoa, mas agora em um ponto diferente da jornada.

Aquelas vezes que perdemos o foco, ou que não sabíamos direito o que queríamos da vida, foram importantes para entender as consequências dessas atitudes. Você, mais do que ninguém, sabe das oportunidades que perdeu e de quantas vezes perdeu o sono sentindo ansiedade por não conseguir dar conta de tudo. Então você já foi punido o suficiente, pode acreditar, e pode convencer as vozes da sua cabeça. Recomece a sua vida.

Todos os dias quando nasce o sol nós temos uma nova chance de fazer tudo diferente. E mesmo no dia em que você tiver uma recaída e agir de novo como aquele que já foi, lembre-se de que é parte do processo, você pode só aproveitar o próximo dia para recomeçar. Não coloque rótulos sobre si mesmo, principalmente os rótulos que falam com você de um jeito que você nunca falaria sobre um amigo querido. Autoaceitação também é aprender a ser seu próprio amigo.

Essa é a peça que falta nesse quebra-cabeça de construção de foco que você precisa montar para trabalhar no seu propósito, para se entender como uma pessoa focada e agir assim no seu dia a dia com consistência, sem sentir que criou uma rotina artificial ou está forçando a barra. Não se trata de acreditar plenamente que você é melhor do que costumava ser. É sobre liberar a necessidade de julgar essa pessoa de antes, porque ela, na verdade, ainda é você.

Quando entendemos que o julgamento não leva a nada, entendemos de certa forma que nada do que você acreditava sobre si mesmo pode ser tomado como uma verdade absoluta. Você agora vai se reconstruir a partir do seu propósito, selecionamento o que realmente é importante para você dia após dia, ano após ano, e construindo a sua vida com base nas suas prioridades – e não em outras pessoas, ou no medo do julgamento ou na imagem que você acreditou ser a sua por tantos anos.

É hora de acreditar, respirar fundo e assumir a sua postura de meditador consciente. Se analisar e se acolher, porque deu para entender que a jornada do foco vai depender muito da sua mente tranquila. O julgamento nada mais é que um ruído inútil e que vai destruindo sua autoestima e vontade de viver, e, quando você parar de se julgar tanto, vai perceber que começa a parar de julgar os outros. Abre mão de passar tempo repetindo tudo o que reprova no comportamento de alguém, da maledicência interna e da externa (a famosa fofoca), e investe sua energia emocional no que realmente importa.

O fundador do centro de meditação Temple of the Universe, Michael Singer, diz em seu livro, *A alma indomável*, que "para ser quem você é, você deve estar disposto a abrir mão de quem você pensa que é", e é esse processo que começa agora. Com um plano de vida em mãos, técnicas para se cuidar e se respeitar, relacionamentos conscientes com outras pessoas e abertura para conhecer gente nova, você pode deixar de lado quem achava que era. Se olhe no espelho e repita palavras de aceitação: "eu posso ter feito escolhas erradas, e posso ter errado mais do que agora, mas estava fazendo o melhor que podia, com base no que eu sabia e onde estava naquela época. Isso não era motivo para ter vergonha de onde eu estive ou de quem eu fui".

AS FAMOSAS CRENÇAS LIMITANTES

Uma vez que apegar-se à dor ou à vergonha não resolve nada, não completa projetos e não paga boletos, apegar-se ao medo e às crenças que travam o seu futuro, menos ainda. As crenças limitantes são um termo bem conhecido para designar tudo aquilo que você acredita ser verdade sobre si. Que foi ensinado na infância ou que você tirou essas conclusões por conta de acontecimentos da sua vida. E que, hoje, essas crenças atrapalham e muito o seu desenvolvimento.

O maior especialista em desenvolvimento pessoal do mundo, Tony Robbins, explica que uma crença é um sentimento de certeza sobre o que algo significa[1]. E que o nosso maior desafio é que a maioria de nossas crenças foram criadas inconscientemente com base nas nossas interpretações de experiências dolorosas ou prazerosas em nosso passado. Mas, Robbins pontua, o passado não dita o presente – a menos que você continue a viver lá. Nós podemos encontrar experiências para basear quase qualquer crença, e

---

[1] ROBBINS, Tony. *What do you believe?*. Disponível em: <https://core.tonyrobbins.com/Global/FileLib/PDF/Limiting_Beliefs.pdf>. Acesso em: 3 maio 2021.

a chave é ter certeza de que estamos conscientes sobre o tipo de crenças que estamos criando. Resumindo: se suas crenças não o ajudam a realizar seus sonhos, mude-as. E como já diria o próprio Tony Robbins: a única coisa que está te impedindo de conseguir o que quer é a história que você continua contando para si mesmo.

Lembra quando falamos da Dra. Marisa Peer no capítulo 5? Ela entendeu que existia uma crença limitante muito comum entre as pessoas que se autossabotam, que é acreditar que você não é o suficiente. As crenças limitantes podem variar muito de pessoa para pessoa, mas quase sempre possuem algum grau de catástrofe, de tragédia grega anunciada, profecia autorrealizável. Quase sempre elas têm enunciados que falam sobre o que você não pode fazer, o que sempre acontece ou o que nunca acontece. É o que a escritora Marilynne Robinson chama de seu "pequeno mito cruel"[2]: "nada dá certo para mim", "eu nunca consigo ser disciplinado mesmo", "eu não mereço", "eu não valho nada", são só alguns exemplos de crenças limitantes que não falamos claramente, mas "transpiramos" na nossa forma de viver ou no jeito que nos autossabotamos.

Eu quero usar o exemplo de uma amiga muito querida, inteligente, que tinha um casamento estável e feliz, mas que sofria de muita ansiedade por uma crença limitante que ela trazia da sua infância. Podemos chamar a minha amiga de Janaína, para proteger a sua identidade. Ela cresceu em um lar com uma mãe narcisista e um pai ausente, que se separou da mãe quando Janaína ainda era um bebê. A casa era emocionalmente instável e dependia

---

2   MAUTZ, Scott. *A Harvard Psychologist Shows How to Change Those Limiting Beliefs You Still Have About Yourself.* Disponível em: <https://www.inc.com/scott-mautz/a-harvard-psychologist-shows-how-to-change-those-limiting-beliefs-you-still-have-about-yourself.html>. Acesso em: 30 abr. 2021.

dos humores da mãe, que estava sempre se virando contra ela sem motivo aparente. Chegar da escola para Janaína era sempre uma surpresa, ela poderia encontrar um apartamento todo escuro e a mãe deitada na cama do quarto deprimida, poderia encontrar um jantar quentinho feito por uma mãe otimista e animada, ou poderia encontrar uma mãe irada e aos berros por algo que ela nem sabia que tinha feito, entre outras variações.

Depois de adulta, ela saiu de casa, construiu uma grande carreira como advogada, abrindo seu próprio escritório, e passou muitos anos se sentindo ansiosa ao ver novos e-mails na caixa postal, ou mensagens no WhatsApp. Quando uma dessas crises foi forte demais, ela decidiu fazer terapia para entender por que ela tinha tanto medo dos outros. Janaína sentia um medo congelante de olhar as mensagens, que, muitas vezes, eram carinhosas, divertidas ou só comunicações sem conflito. Ela conta que, em algum momento, desenvolveu a crença de que no fundo todo mundo a odiava, e que poderia mudar de humor sobre ela tão rápido quando sua mãe mudava quando ela era criança. Claro, essa conclusão não veio rápido, precisou de muita terapia e auto-observação. Apesar dos sorrisos e cordialidades, ela não conseguia acreditar que era estimada por clientes e até por amigos e pelo marido. Era uma crença limitante que ficava guardada lá no fundo, enquanto ela se esforçava para ser a melhor aluna da escola, a melhor estagiária, a mulher mais atenciosa e que cuida melhor da casa, numa tentativa inconsciente de quebrar com a profecia de ser alguém de quem ninguém gosta e que está prestes a sofrer uma grande reviravolta nas relações a partir de uma única mensagem.

Janaína teve crises de ansiedade antes do tratamento psicológico por acreditar que quase qualquer comunicação que recebia significava um conflito em vista, ou que qualquer coisa que ela dissesse poderia ser "a coisa errada". Um cliente que mandava um e-mail, só poderia ser para brigar com ela ou reclamar que o serviço era muito ruim. Quando a sua terapeuta mandava mensagem, de alguma forma ela achava que a profissional ouviu seus pensamentos magicamente e veio reprovar. Ou quando seu marido passava muito tempo calado, ela tinha quase certeza que foi por algo que tinha feito. É ao mesmo tempo se considerar muito pouco enquanto você se leva muito a sério, não é mesmo? Que tipo de entidade teria tamanho poder de mudar humores inteiros e ser o centro da vida de tanta gente? E ao mesmo tempo, como ser um centro tão negativo, ter a certeza de que você só pode ser a maçã podre de todos os seus relacionamentos?

Essa crença já gerou muitas crises de ansiedade quando Janaína via que tinha muitas mensagens no celular e cada uma delas lhe despertava um medo especial. E já a impediu de tentar coisas novas, porque ao mandar mensagem para um desconhecido sobre um projeto, só conseguia se ver como um incômodo, ou até uma ofensa na vida da outra pessoa. A verdade é que Janaína já perdeu muito com essa crença limitante de que ela não era apreciada – e que isso era tão importante que poderia modular o quanto ela acreditava que merecia estar viva. E já que ela não merecia, melhor não terminar aquele projeto, ou fazer aquela viagem, melhor ficar quietinha sem se destacar.

Aí que está o pulo do gato sobre crenças limitantes: elas parecem coisas simples, mas possuem o poder de tomar uma parte considerável da sua vida se você permitir. Elas se tornam um tempero forte demais que rouba o sabor do prato, e vai espalhando seu cheiro pela sua vida profissional, seus relacionamentos e a sua autoimagem. E você pode aproveitar que está meditando, que investe diariamente na sua consciência e analisar suas relações para entender o que você acredita ser verdade sobre si mesmo.

Vou ajudar e dar alguns exemplos das crenças limitantes mais comuns:

> Eu não tenho tempo para ....
> (em geral para qualquer coisa que esteja ligada à ideia de cuidar de você ou da sua saúde);
> Eu não tenho disciplina para.......................
> (em geral qualquer projeto ambicioso);
> Eu não mereço;
> Tenho medo de ser rejeitado;
> Eu não tenho o que precisa para ser bem-sucedido;
> Eu nunca conseguiria fazer isso;
> Pessoas que enriquecem não são boas pessoas;
> Eu não sou bom com dinheiro;
> Dinheiro foi feito pra gastar;
> Eu não confio em mim;
> Eu não dou conta;
> Eu não sei lidar...

Muitas vezes nós não falamos as crenças como uma frase completa, racionalizada, mas agimos de forma a expressá-las nas nossas ações. Quando você acredita que não pode lidar com uma situação desafiadora, como um novo contrato de trabalho numa empresa muito maior, você realmente não vai lidar. Você vai agir inconscientemente para provar que sua crença está certa – e isso, de um jeito distorcido, mas completamente comum, é uma fonte de segurança para a sua estrutura emocional. Ao final daquela experiência você vai pegar a carta de demissão e olhar para sua profecia autorrealizável dizendo "eu sabia".

Você provavelmente já entregou tempo demais de vida a crenças que só falam mal de você, e se não está tomando nenhuma atitude para mudar sua vida agora, é provável que viva a mesma rotina por muito tempo ainda. E nós passamos as últimas dezenas de páginas discutindo ferramentas de mudança. E eu escrevi este livro porque acredito que você é capaz de retomar o controle da sua vida, um dia por vez, e mais cedo do que você imagina. Se você ainda não consegue acreditar em si, tenha certeza de que eu acredito. E quero finalizar nossa jornada com toques práticos para começar a mudar as suas crenças limitantes:

DESAPEGUE DA APROVAÇÃO DOS OUTROS

Pare de pensar no que estão pensando sobre você. É um multiverso do julgamento no qual você se mete fazendo isso! Se o que você faz não machuca nem prejudica ninguém, não importa que seja ridículo. O mundo está cheio de pessoas ridículas e continua girando mesmo assim. E muitas vezes seus planos são ambiciosos e você não precisa ter vergonha deles. Se monitore e quando perceber que está preocupado com o que os outros vão achar ligue aquele famoso botão do f*da-se. Todo mundo precisa usar ele um pouquinho, lembre-se que você só tem essa vida e ela é bem curta.

Lembre-se que você tem a dádiva do livre-arbítrio

Todos os segundos você pode fazer uma escolha. Você escolhe quando acordar, o que comer, no que prestar atenção agora. E no minuto seguinte pode escolher tudo de novo. É assustador e maravilhoso, mas você nasceu com livre-arbítrio. Escolha desligar o celular. Escolha começar a estudar com antecedência e não no dia da prova. Escolha comer a segunda coisa mais gostosa do cardápio e não a mais gostosa que estraga sua reeducação alimentar. Você pode ter escolhido errado pela manhã, mas pode reescolher de tarde. Lembre-se todos os dias de que é você que está no comando dessa vida.

ESTUDE EM QUAL MOMENTO SUA HISTÓRIA DIVERGE DA REALIDADE

Todos nós temos momentos de insight nos quais entendemos que nossas crenças limitantes são absurdas. O da minha amiga da história foi quando ela recebeu um e-mail de um cliente difícil, mas importante, e passou uma semana sem abrir. Ela passou uma semana com medo. Passava pela caixa de entrada se dizendo que tinha coisas mais importantes para cuidar do que aquelas, estava com muitas urgências no escritório. E quando finalmente tomou coragem... era um convite para assumir a conta de outra empresa do mesmo cliente, que estava feliz com os serviços prestados pelo escritório. Ela tinha perdido o prazo para aceitar, eles já tinham fechado com outro advogado. Em alguns momentos a vida nos mostra que estamos nos contando a história errada. Achamos que somos ruins com dinheiro, mas os boletos estão pagos. Acreditamos que não merecemos reconhecimento, mesmo com um histórico impecável no trabalho e assim vai. Estude a sua crença, contrapondo-a a histórias por realidade, será que ela está 100% correta ou você está tomando a menor parte de você para explicar o todo?

Mude a história quantas vezes for necessário

Reconte para si mesmo a verdade. Repasse os momentos em que a vida provou que aquela história cruel que você se conta não tinha nada de verdade. Faça isso com a insistência de quem está ensinando uma criança a comer ou a escovar os dentes antes de dormir, porque você sabe que pode ser ainda mais teimoso do que qualquer criança. Então todas as vezes que bater aquela fisgada no estômago (você sabe qual é), você vai repetir de novo quais são os fatos concretos que já presenciou sobre você que comprovam que não é verdade. No nosso exemplo, a minha amiga sabe que toda vez que ela começa a evitar responder as mensagens do celular ela pode respirar fundo e dizer "quase sempre é alguém precisando confirmar algum detalhe ou contar uma novidade" e se repetir isso, porque é o que a experiência provou ser o padrão – e assim, muito aos poucos, ela pode mudar essa reação emocional que aprendeu quando criança. Ela não tem mais o que temer, é uma adulta se relacionando com adultos estáveis agora. Só a prática pode criar o hábito de acreditar em si mesmo, então você vai precisar insistir: conte e reconte a sua história para, aos poucos, derreter essa crença sólida sobre você.

***

Pessoas focadas não são seres iluminados, não nasceram assim e não estão fingindo que estão com tudo sob controle. Quem tem foco quase sempre desenvolveu um conjunto de hábitos e de maneiras de ver a vida, que ajuda a facilitar a produtividade. E pessoas focadas não estão dando conta de tudo, mas estão equipadas para mudar de plano mais rápido e se enxergarem com mais realismo na hora de estabelecer planos. O foco é um hábito que vamos cultivando ao cobrir diferentes áreas da nossa vida com presença, consciência e até uma certa humildade, porque ele nos ensina a ir construindo a realidade devagar e sempre, sem assustar. Espero que a jornada tenha sido transformadora; mais do que isso, espero que você veja toda a transformação que pode causar na sua vida, e no mundo, quando conseguir atingir a sua melhor versão – que escorrega, mas não desaba. É hora de recomeçar.

FOQUE NISTO

Pare de julgar quem você já foi.

Analise que histórias você fica se contando sobre si mesmo.

Desapegue de ligar para a opinião dos outros.

Acolha seus defeitos e recomece sempre, após cada recaída.

Trabalhe pela única coisa que vai lhe trazer alegria e sintonia com o propósito, o resto você administra.

Foco é presença, esteja na sua vida, 100%.

Sobre o autor

VINÍCIUS ALMEIDA é empreendedor e escritor. Define-se como um pesquisador inquieto.

Mestre em Administração de Empresas, atuou na iniciativa privada e liderou projetos no poder público, bem como lecionou matérias de Administração durante alguns anos.

É autor dos livros *Aqui é Rota*, *O cosmos e nós dois* e *Jogo de verdades*, todos publicados pelo Grupo Novo Século.

Instagram: @vinicius_escritor

Compartilhando propósitos e conectando pessoas
Visite nosso site e fique por dentro dos nossos lançamentos:
www.gruponovoseculo.com.br

figurati

facebook/novoseculoeditora
@novoseculoeditora
@NovoSeculo
novo século editora

FONTES
Adobe Garamond Pro | Acumin Pro

gruponovoseculo
.com.br